# FRIEDRICH SCHILLER

## Do sublime ao trágico

OUTROS LIVROS DA **FILÔ**

## FILÔ

**A alma e as formas**
Ensaios
*Georg Lukács*

**A aventura da filosofia francesa no século XX**
*Alain Badiou*

**A ideologia e a utopia**
*Paul Ricœur*

**O primado da percepção e suas consequências filosóficas**
*Maurice Merleau-Ponty*

**A teoria dos incorporais no estoicismo antigo**
*Émile Bréhier*

**A sabedoria trágica**
Sobre o bom uso de Nietzsche
*Michel Onfray*

**Se Parmênides**
O tratado anônimo De Melisso Xenophane Gorgia
*Bárbara Cassin*

## FILÔAGAMBEN

**Bartleby, ou da contingência**
*Giorgio Agamben*
seguido de *Bartleby, o escrevente*
*Herman Melville*

**A comunidade que vem**
*Giorgio Agamben*

**O homem sem conteúdo**
*Giorgio Agamben*

**Ideia da prosa**
*Giorgio Agamben*

**Introdução a Giorgio Agamben**
Uma arqueologia da potência
*Edgardo Castro*

**Meios sem fim**
Notas sobre a política
*Giorgio Agamben*

**Nudez**
*Giorgio Agamben*

**A potência do pensamento**
Ensaios e conferências
*Giorgio Agamben*

**O tempo que resta**
Um comentário à Carta aos Romanos
*Giorgio Agamben*

## FILÔBATAILLE

**O erotismo**
*Georges Bataille*

**A literatura e o mal**
*Georges Bataille*

**A parte maldita**
Precedida de "A noção de dispêndio"
*Georges Bataille*

**Teoria da religião**
Seguida de *Esquema de uma história das religiões*
*Georges Bataille*

## FILÔBENJAMIN

**O anjo da história**
*Walter Benjamin*

**Baudelaire e a modernidade**
*Walter Benjamin*

**Estética e sociologia da arte**
*Walter Benjamin*

**Imagens de pensamento**
Sobre o haxixe e outras drogas
*Walter Benjamin*

**Origem do drama trágico alemão**
*Walter Benjamin*

**Rua de mão única**
Infância berlinense: 1900
*Walter Benjamin*

## FILÔESPINOSA

**Breve tratado de Deus, do homem e do seu bem-estar**
*Espinosa*

**Princípios da filosofia cartesiana e Pensamentos metafísicos**
*Espinosa*

**A unidade do corpo e da mente**
Afetos, ações e paixões em Espinosa
*Chantal Jaquet*

## FILÔESTÉTICA

**O belo autônomo**
Textos clássicos de estética
*Rodrigo Duarte (org.)*

**O descredenciamento filosófico da arte**
*Arthur C. Danto*

**Íon**
*Platão*

**Pensar a imagem**
*Emmanuel Alloa (Org.)*

## FILÔMARGENS

**O amor impiedoso**
(ou: Sobre a crença)
*Slavoj Žižek*

**Estilo e verdade em Jacques Lacan**
*Gilson Iannini*

**Introdução a Foucault**
*Edgardo Castro*

**Kafka**
Por uma literatura menor
*Gilles Deleuze*
*Félix Guattari*

**Lacan, o escrito, a imagem**
*Jacques Aubert, François Cheng, Jean-Claude Milner, François Regnault, Gérard Wajcman*

**O sofrimento de Deus**
Inversões do Apocalipse
*Boris Gunjevic*
*Slavoj Žižek*

## ANTIFILÔ

**A Razão**
*Pascal Quignard*

**FILÕ**ESTÉTICA        **autêntica**

# FRIEDRICH
# SCHILLER

## Do sublime ao trágico

2ª edição

ORGANIZAÇÃO **Pedro Süssekind**
TRADUÇÃO E ENSAIOS **Pedro Süssekind e
Vladimir Vieira**

Copyright © 2011 Autêntica Editora

Títulos originais: *Vom Erhabenen (Zur weitern Ausführung einiger Kantischen Ideen)*
 *Über das Erhabene*

Todos os direitos reservados pela Autêntica Editora. Nenhuma parte desta publicação poderá ser reproduzida, seja por meios mecânicos, eletrônicos, seja via cópia xerográfica, sem a autorização prévia da Editora.

EDITORA RESPONSÁVEL
Rejane Dias

EDITORA ASSISTENTE
Cecília Martins

COORDENADOR DA COLEÇÃO FILÔ
Gilson Iannini

CONSELHO EDITORIAL
Gilson Iannini (UFOP); Barbara Cassin (Paris); Carla Rodrigues (UFRJ); Cláudio Oliveira (UFF); Danilo Marcondes (PUC-Rio); Ernani Chaves (UFPA); Guilherme Castelo Branco (UFRJ); João Carlos Salles (UFBA); Monique David-Ménard (Paris); Olímpio Pimenta (UFOP); Pedro Süssekind (UFF); Rogério Lopes (UFMG); Rodrigo Duarte (UFMG); Romero Alves Freitas (UFOP); Slavoj Žižek (Liubliana); Vladimir Safatle (USP)

REVISÃO
Cecília Martins
Lara Alves dos Santos Ferreira de Souza

CAPA
Diogo Droschi
(sobre imagem de Hendrik Kobell, *O naufrágio*, 1775)

DIAGRAMAÇÃO
Waldênia Alvarenga

Dados Internacionais de Catalogação na Publicação (CIP)
(Câmara Brasileira do Livro, SP, Brasil)

> Friedrich Schiller
>   Do sublime ao trágico / organização Pedro Süssekind ; tradução e ensaios Pedro Süssekind e Vladimir Vieira. -- 2. ed. -- Belo Horizonte : Autêntica Editora, 2016. -- (FILÔ/Estética ; 1)
>
>   Títulos originais: Vom Erhabenen (Zur weitern Ausführung einiger Kantischen Ideen)
>      Über das Erhabene
>   Bibliografia.
>   ISBN 978-85-8217-978-9
>
>   1. Estética 2. Filosofia 3. Schiller, Friedrich, 1759-1805 I. Süssekind, Pedro. II. Vieira, Vladimir. III. Série.
>
>   11-06255                                                     CDD-111.85

Índices para catálogo sistemático:
1. Estética : Filosofia 111.85

**Belo Horizonte**
Rua Carlos Turner, 420
Silveira . 31140-520
Belo Horizonte . MG
Tel.: (55 31) 3465-4500

**Rio de Janeiro**
Rua Debret, 23, sala 401
Centro . 20030-080
Rio de Janeiro . RJ
Tel.: (55 21) 3179 1975

**São Paulo**
Av. Paulista, 2.073,
Conjunto Nacional, Horsa I
23º andar . Conj. 2301 .
Cerqueira César . 01311-940
São Paulo . SP
Tel.: (55 11) 3034 4468

www.grupoautentica.com.br

**7.** Apresentação
Os dois sublimes de Schiller
Vladimir Vieira

**19. Do sublime (para uma exposição ulterior de algumas ideias kantianas)**
Vom Erhabenen (Zur weitern Ausführung einiger kantischen Ideen)

**53. Sobre o sublime**
Über das Erhabene

**75.** Posfácio
Schiller e a atualidade do sublime
Pedro Süssekind

**121.** Referências

**125.** Coleção Filô

Apresentação
# Os dois sublimes de Schiller

*Vladimir Vieira**

Em linhas gerais, as contribuições de Schiller para o debate moderno sobre estética datam da década de 1790. Elas se constituem de artigos publicados em dois periódicos que o dramaturgo organizou nessa época – a *Neue Thalia* e o *Die Horen* – e documentam sua aproximação da vida acadêmica e também do ducado de Sachsen-Weimar.

O exame dessa produção teórica mostra que o tema do sublime – que constitui, ao lado do belo, uma das duas principais categorias mobilizadas pela tradição moderna com vistas a explicar os fenômenos estéticos[1] – ocupava posição central nos estudos de Schiller. Embora não se devam tomar associações dessa natureza de modo absolutamente determinante,

---

* Professor-adjunto da UFF, é graduado, mestre e doutor em Filosofia pela UFRJ. Seus trabalhos têm ênfase em história da filosofia, filosofia moderna e estética, principalmente filosofia alemã – Kant, Schiller e Nietzsche.

[1] Outras categorias também foram sugeridas, especialmente no âmbito do debate inglês que, ao longo do século XVIII, contribuiu para consolidar a tradição moderna em torno de belo e sublime. Em "The Pleasures of Imagination", por exemplo, publicado em 12 números consecutivos de *The Spectator* (1898, v. VI, p. 56-96), Addison trata também de uma terceira categoria, que denomina "novidade" [*novelty*] (cf. p. 59).

sob pena de reduzir as motivações que impulsionam a reflexão filosófica ao papel secundário de meio para atingir certos fins, muitos comentadores sugerem que esse interesse pode estar relacionado às suas atividades como dramaturgo.

Schiller enfrentava, no início dos anos 1790, um período de crise poética, resultado dos grandes esforços que haviam sido empregados na conclusão de sua peça *Don Carlos* e das responsabilidades que assumira ao ocupar um posto no Departamento de História da Universidade de Jena.[2] Na categoria do sublime, o pensador esperava encontrar uma ferramenta que permitisse ganhar clareza sobre os princípios constitutivos da experiência trágica. Investigações que dialogassem com a tradição moderna permitiriam, desse modo, compreender melhor os objetos da estética e, assim, construir fundamentos conceituais mais sólidos para a produção dramatúrgica.[3]

O principal interlocutor desse diálogo é Kant, cujo pensamento exerceu profunda influência sobre a breve produção teórica de Schiller. Seu crescente interesse pelo sistema transcendental é notável quando comparamos duas cartas a Christian Gottfried Körner, amigo pessoal e organizador da primeira edição de suas obras completas (STUTTGART, 1812-1815). Em

---

[2] Para a redação de *Don Karlos*, cuja ação se passa durante o reinado de Filipe II (1556-1598), Schiller empreendera extensa pesquisa sobre a história da Europa entre os anos 1550 e 1650. Esses estudos tiveram por desdobramento uma série de artigos sobre o tema publicados no *Teutsche Merkur*, periódico organizado por Wieland, de quem o dramaturgo se aproximara após decidir fixar residência em Weimar em 1787. Graças a essas contribuições, Schiller foi indicado, com o apoio de Goethe, para um posto no Departamento de História da Universidade de Jena, que ficara vago com a mudança de Johann Gottfried Eichhorn para Göttingen. Sobre esse tema, ver Darsow (1999, p. 86); Hoffmeister (1869, p. 68-69) e Thomas (1902, p. 211).

[3] A associação entre o interesse teórico de Schiller pela estética moderna e seu esgotamento poético no final dos anos 1790 é sugerida, entre outros, por dois de seus grandes biógrafos – Karl Hoffmeister (1869, p. 3-6; 155) e Calvin Thomas (1902, p. 263).

5 de março de 1791, o dramaturgo informa ter adquirido um exemplar da *Crítica da faculdade de julgar* (1790), tendo em vista preleções sobre estética a serem ministradas no inverno seguinte. Seus estudos, nesse momento, concentram-se apenas nesse livro: "com a minha pouca familiaridade com sistemas filosóficos, a *Crítica da razão pura*, e mesmo alguns escritos de Reinhold, seriam agora muito pesados [...]" (SCHILLER; KÖRNER, 1874, p. 402).[4]

No primeiro dia do ano seguinte, essa postura hesitante já parece integralmente superada. Schiller dedica-se com grande zelo à filosofia de Kant, revela nova carta a Körner, e toma a decisão irrevogável de não abandoná-la enquanto não for capaz de compreendê-la em seus fundamentos, "nem que isso me custe três anos" (p. 439). Para fazer frente às suas dificuldades com o conteúdo técnico da obra kantiana, pretende estudar também outros pensadores a que ela se refere: Hume, Leibniz e Locke, de quem chega a pedir ao amigo indicação de uma boa tradução.

O entusiasmo de Schiller com as ideias de Kant manifesta-se a partir de um esforço para desenvolver suas investigações empregando ferramentas críticas tomadas de empréstimo ao sistema transcendental, bem como ao quadro categorial que se consagrara na tradição moderna. Mas esse legado não deve ser enfatizado a ponto de encobrir a originalidade e a inquietação que movem o seu próprio pensamento. Ao procurar compreender belo e sublime, Schiller põe em jogo não apenas sua larga experiência de palco, mas também toda uma outra sorte de questões – históricas, sociais, culturais. Tais preocupações levaram suas reflexões estéticas em uma direção que não pode mais

---

[4] Schiller refere-se ao austríaco Carl Leonhard Reinhold, titular da cátedra de filosofia em Jena, enteado de Wieland e colaborador habitual do *Merkur*. O ambiente nessa universidade era certamente propício a estudos sobre Kant, uma vez que ela era considerada, no que diz respeito à filosofia, uma das mais avançadas instituições do Sacro Império, e Reinhold um dos mais célebres paladinos do sistema transcendental.

ser considerada um simples desdobramento ou uma aplicação direta de conceitos formulados na *Crítica da faculdade de julgar*.

A trajetória do pensamento de Schiller sobre estética está exemplarmente registrada no desenvolvimento de sua produção acadêmica ao longo da década de 1790. É necessário explorar brevemente esse ponto, visto que ele é de suma importância para a compreensão do contexto em que foi elaborada sua doutrina sobre o sublime.

Um dos frutos mais imediatos dos estudos que Schiller conduzira a respeito do pensamento kantiano foi uma série de artigos publicados entre 1792 e 1793 na *Neue Thalia*, periódico fundado especialmente para acolher os resultados dessas pesquisas.[5] Entre eles se encontram "Sobre o fundamento do deleite com objetos trágicos", "Sobre a arte trágica" e "Sobre graça e dignidade", provavelmente o mais ambicioso e abrangente.[6] Ainda que permeados de observações de cunho pragmático, esses textos caracterizam-se pelo acento notadamente crítico. Dada a perspectiva geral que orienta a investigação e o uso recorrente de noções e termos cuja origem remonta à doutrina de Kant, talvez não seja excessivo afirmar que são os fundamentos do sistema transcendental que formam o arcabouço conceitual de sua produção nesse período.

Mas a aproximação com Goethe, em 1794, marcaria um notável deslocamento nas preocupações de Schiller, perfeitamente representado na célebre carta ao poeta de 17 de dezembro de 1795, onde ele afirma: "Já é hora de fechar por um tempo a barraca [*Bude*] filosófica. O coração anseia por um

---

[5] Schiller rebatizara a *Thalia* – periódico que editara entre os anos 1781 e 1790 – com um "*neue*" especialmente para tal fim (cf. HOFFMEISTER, 1869, p. 144-145; THOMAS, 1902, p. 255).

[6] "Über den Grund des Vergnügens an tragischen Gegenständen" (1792, 1. B., p. 92-105); "Über die tragische Kunst" (1792, 1. B., p. 176-228); "Über Anmut und Würde" (1793, 3. B., p. 115-230).

objeto que possa ser tocado" (SCHILLER; GOETHE, 1870, p. 117).[7] Seus estudos parecem, a partir desse encontro, mover-se conscientemente no sentido de superar a abordagem primordialmente conceitual que caracteriza a tradição moderna segundo a formulação canônica que ela recebe na filosofia de Kant. O autor mostra-se, então, particularmente sensível a considerações de ordem sociocultural que procurem explicar a estética levando em conta suas diferentes manifestações históricas.

Essa diferença evidencia-se, também, com o encerramento das atividades da *Neue Thalia*. Em 1795, Schiller funda com Goethe um novo periódico, *Die Horen*, mais voltado para literatura e poesia, que passará a receber os resultados de suas pesquisas. Entre seus trabalhos publicados encontram-se artigos curtos, tais como "Das fronteiras necessárias do belo especialmente na apresentação de verdades filosóficas" e "Sobre a utilidade moral de costumes estéticos", bem como dois textos de maior fôlego: "Sobre a educação estética do homem em uma série de cartas" e "Sobre poesia ingênua e sentimental", possivelmente os mais célebres de toda a produção teórica do autor.[8]

Poder-se-ia dizer que o contraste entre os textos publicados na *Neue Thalia* e no *Die Horen* corresponde à transição de uma "estética crítica" para uma "estética filosófica". Indico com tais expressões o que me parece uma clara diferença de

---

[7] Schiller fora formalmente apresentado a Goethe em 1788, mas os dois pensadores só viriam a estabelecer os laços de colaboração pessoal e intelectual hoje reconhecidos como um símbolo do classicismo de Weimar a partir de um encontro fortuito em Jena, seis anos mais tarde (cf. HOFFMEISTER 1869, p. 45-46; 197-200; THOMAS, 1902, p. 210-212; 290-297).

[8] "Von den notwendigen Grenzen des Schönen besonders im Vortrag philosophischer Wahrheiten" (1795, 3. B., 9. S., p. 99-125); "Über den moralischen Nutzen ästhetischer Sitten" (1796, 5. B., 3. S., p. 78-91); "Über die ästhetische Erziehung des Menschen in einer Reihe von Briefen" (1795, 1. B., 1. S., p. 7-48; 2. S., p. 51-94; 2. B., 6. S., p. 45-124); "Über naive und sentimentalische Dichtung " (1795, 4. B., 11. S., p. 43-76; 1795, 4. B., 12. S., p. 1-55; 1796, 5. B., 1. S., p. 75-122).

abordagem em cada um dos dois momentos do pensamento schilleriano. No primeiro caso, o que se pretende é essencialmente ganhar, a partir de uma análise dos objetos estéticos, uma compreensão a respeito dos fundamentos dessa disciplina que tem na obra kantiana seu principal referencial teórico. No segundo, já estão incorporadas também preocupações históricas e culturais; Schiller tem em vista esclarecer, com base em princípios filosóficos, as entidades empíricas tradicionalmente arroladas como pertinentes a esse campo de investigação.

Embora a questão do sublime, como mencionado, detenha uma importância singular nas reflexões de Schiller sobre estética, apenas dois de seus artigos trazem esse termo anunciado no título. É, precisamente, a partir do movimento de seu pensamento em direção à cultura que se colocam certos problemas no que diz respeito à origem e à composição desses textos.

Ao lado de "Sobre graça e dignidade", o terceiro número da *Neue Thalia* continha um segundo artigo de Schiller, "Do Sublime (para uma exposição ulterior de algumas ideias kantianas)", o qual seria concluído apenas no número seguinte.[9] Quando, nove anos mais tarde, o pensador reuniu seus textos teóricos sobre estética em uma edição independente – o terceiro volume dos *Escritos menores em prosa*, projeto de que se ocupava desde 1792 – apenas uma seção do "Do sublime" original foi aproveitada, sob o título "Sobre o patético".[10] A coletânea continha, contudo, um novo artigo, denominado "Sobre o sublime", que muitos sugerem ser uma reformulação ou aprimoramento do material restante.

---

[9] "Vom Erhabenen (Zur weiteren Ausführung einiger kantischen Ideen)" (1793, 3. B., p. 320-394; 4. B., p. 52-73).

[10] "Über das Pathetische". Esse texto contém as 50 últimas páginas de "Vom Erhaben": as 28 últimas do número 3, mais as 22 do número seguinte. No artigo originalmente publicado na *Neue Thalia* encontra-se uma seção denominada "Das Pathetischerhabene"; o texto aproveitado nos *Escritos menores* não inclui, entretanto, as seis primeiras páginas de tal seção.

Na tradição crítica formada em torno da obra de Schiller, distinguem-se, desse modo, três textos: "Do sublime", que corresponde às primeiras 47 páginas do trabalho que constava no terceiro número da *Neue Thalia*; "Sobre o patético", as 50 páginas restantes, publicadas nos *Escritos menores em prosa*; e "Sobre o sublime", o artigo inédito que constava nesse livro. O primeiro e o último são os dois textos que o autor decidiu indicar ostensivamente como pertinentes ao debate sobre o sublime, e cujas traduções integram o presente volume.

"Do sublime" – ou, como visto, o trecho do artigo original descartado nos *Escritos menores em prosa* – documenta de modo inequívoco a diligência de Schiller em operar suas reflexões sobre estética, à época da *Neue Thalia*, a partir do quadro conceitual do sistema transcendental. O eixo central do trabalho retém a distinção kantiana entre sublime matemático e dinâmico, que o autor prefere, não sem procedência, rebatizar "teórico" e "prático". Como na terceira crítica, a descrição fenomenológica tradicionalmente reconhecida como sinal de manifestação dessa categoria – um par de sentimentos, o prazer que se segue ao desprazer – é explicada em termos de um conflito entre nossas capacidades sensíveis e suprassensíveis, e do reconhecimento de que a razão é uma faculdade que pode se mostrar superior à sensibilidade.

Como nos demais artigos que escreveu nesse período, Schiller procura introduzir nuances e qualificar melhor certos aspectos da doutrina kantiana. Ao descrever o conflito que está na base do sentimento de sublime, por exemplo, ele recorre às noções de impulso de representação e autoconservação para caracterizar a parte sensível, respectivamente, nos casos matemático e dinâmico – noção que vamos reencontrar, em "Sobre graça e dignidade", na apresentação da categoria da dignidade. Reformulando uma possível interpretação literal da tradição moderna, que desde Addison (1898, p. 83) estabelecia como condição para a manifestação dessa categoria estética que o sujeito estivesse em uma posição de segurança, Schiller argumenta que certos objetos contra os quais nunca estamos plenamente seguros – a morte, doenças, o destino – poderiam ser considerados sublimes se admitíssemos uma distinção entre segurança física e segurança moral.

Finalmente, "Do sublime" propõe uma classificação para o sublime dinâmico – na verdade, o tema principal do artigo – que inexiste na terceira crítica: ele pode ser dividido em duas subespécies, sublime contemplativo e sublime patético. Como Pedro Süssekind mostra no artigo que encerra este volume, a formulação de tal distinção constitui uma contribuição fundamental para a tradição do debate moderno a respeito dessa categoria estética.

Mesmo quando escrevia sob influência direta de seus estudos sobre Kant, portanto, Schiller já procurava pensar o problema da estética de um modo mais profundo ou abrangente do que ele fora concebido por seu mestre. Ainda assim, seria possível afirmar, deixando-se de lado todas as qualificações cabíveis, que "Do sublime" segue, em linhas gerais, o modo de abordar essa questão que é habitualmente associado à doutrina kantiana. É a terminologia do sistema transcendental que pontua o desenvolvimento do texto, é o estilo crítico de argumentação que alinhava a exposição das ideias, e são da terceira crítica, naturalmente, as duas maiores citações empregadas no artigo.

Esses aspectos não podem ser observados em "Sobre o sublime", o texto efetivamente publicado nos *Escritos menores em prosa*. Schiller escreve aqui de modo mais livre e poético, como é característico do período do *Die Horen*. O distanciamento com relação à formulação propriamente crítica da tradição moderna manifesta-se de modo inequívoco já na célebre citação que abre a discussão – o "Kein Mensch muss müssen", do *Nathan o sábio*, de Lessing.

Mais do que aspectos estilísticos, o que diferencia "Do sublime" de "Sobre o sublime" é essencialmente a natureza dos problemas que o artigo pretende articular. No segundo texto, sua preocupação central não é fundamentar conceitualmente determinadas experiências estéticas, ou mesmo elucidar o uso que fazemos das categorias que as representam, mas entender o que é o homem e que papel elas podem desempenhar para o seu aprimoramento. Em outras palavras, a leitura de Schiller procura colocar essas questões no horizonte da cultura.

Um ponto cardinal dessa tentativa é a concepção da estética como algo sensível-racional, na natureza humana, que permite estabelecer uma mediação para o conflito entre nossas faculdades sensíveis e suprassensíveis. Schiller formulara essa tese, de modo inequívoco, nas cartas *Sobre a educação estética do homem*, mas suas origens remontam possivelmente a uma interpretação bastante peculiar de certas passagens da terceira crítica, em que Kant afirma a crença de que essa obra pode construir uma passagem entre os domínios das filosofias teórica e prática.[11]

Sob tal perspectiva, belo e sublime são compreendidos como dois elementos complementares e indispensáveis para o processo de educação estética que levaria o homem a realizar de modo pleno sua destinação, superando a cisão entre suas duas naturezas – sensível e racional – de que os comportamentos bárbaros e selvagens do século XVIII davam testemunho. O contato com os objetos do primeiro tipo nos ensinaria a reconhecer a nossa liberdade natural, que tem lugar quando as inclinações sensíveis se harmonizam às leis da razão. E o cultivo do segundo, a afirmar a nossa liberdade moral quando este não é o caso.

Tomando em perspectiva os dois artigos sobre o sublime de Schiller, coloca-se o problema, recorrente entre os comentadores, a respeito da origem de "Sobre o sublime". Alguns defendem a hipótese de que esse trabalho corresponderia

---

[11] Refiro-me à Seção II da assim chamada "Segunda Introdução" à *Crítica da faculdade de julgar* (cf. KANT, 1976, p. 82-83).

a uma reformulação das ideias expostas no trecho de "Do sublime" que não foi aproveitado nos *Escritos menores em prosa*. Outros argumentam que as diferenças, formais e conteudísticas, entre os dois textos são grandes demais para autorizar essa implicação. Wolfgang Riedel (2007, p. 59-71), por exemplo, sugere que esse segundo escrito apresentaria características que permitiram distingui-lo tanto dos estudos kantianos aos quais Schiller se dedicara à época da *Neue Thalia* quanto de suas investigações histórico-poéticas em *Die Horen*.[12]

Se Schiller de fato se baseou em material de "Do sublime" para a composição de "Sobre o sublime", restaria ainda determinar quando teve lugar a redação definitiva desse artigo. Alguns afirmam que isso se deu já em 1793, tendo em vista que o autor trabalhava, nessa época, nos textos que seriam posteriormente publicados no *Die Horen* e que dão testemunho do estilo mais poético que marcará a segunda fase de sua produção teórica. Outros, ao contrário, reconhecem em "Sobre o sublime" a versão mais bem acabada desse estilo e privilegiam uma datação posterior.[13]

Questões como essas certamente ocuparão os comentadores por muitos anos. Contribui de modo significativo para as dificuldades críticas que cercam a obra de Schiller o fato de que esse autor ainda não logrou conquistar espaço definitivo nas discussões acadêmicas que têm lugar sob a rubrica "filosofia", como testemunharam com clareza as comemorações pelos 200 anos de seu falecimento, em 2005. Seminários,

---

[12] Riedel acredita que "com 'Über das Erhabene' começa na filosofia alemã a reflexão pós-metafísica sobre o ser [*Dasein*] humano como 'Ser para a morte'" (p. 69). Deste modo, "no Schiller tardio [...], o estoicismo heroico da antiga Europa [*alteuropäisch*], o qual permanecia ininterruptamente em vigência na *Aufklärung* tardia (alemã), balança em torno do moderno niilismo heróico" (p. 71).

[13] Sobre a questão a respeito da data de composição deste artigo, ver Barone (2004, p. 112-114) e Hartmann (1997, p. 100).

congressos, artigos e livros celebraram a data nos mais diversos centros de pesquisa ao redor do mundo; muito pouco desse extenso material abordava, entretanto, seus escritos teóricos como investigações originais pertinentes ao debate estético moderno. É primordialmente nas áreas da literatura e da história das ideias que Schiller vem se mostrando capaz de fomentar debates, graças à importância de seus trabalhos — acadêmicos ou não — para o classicismo de Weimar.

Ao organizarem, em 2007, uma coletânea de artigos sobre o poeta alemão, Bollenbeck e Ehring fizeram um diagnóstico preciso dessa condição ao adotarem como subtítulo de seu volume a expressão: "teórico subestimado". E, com efeito, a baixa estima de que Schiller parece desfrutar não se justifica. Seus artigos sobre estética têm um ponto de partida na filosofia, no desejo de dialogar com o sistema kantiano, e um de seus possíveis pontos de chegada no movimento que, ao pensar o debate moderno que Kant sistematizara, termina por realizar contribuições decisivas para essa tradição. A publicação das traduções que integram o presente volume tem, precisamente, o objetivo de chamar a atenção para a relevância filosófica dessa produção e, tornando acessíveis ao leitor brasileiro dois momentos diferentes de sua reflexão sobre o sublime, contribuir para restituir a força e a relevância desse diálogo.

# Do sublime
## (para uma exposição ulterior de algumas ideias kantianas)

## Vom Erhabenen
### (Zur weitern Ausführung einiger kantischen Ideen)

*Sublime* denominamos um objeto frente a cuja representação nossa natureza sensível sente suas limitações, enquanto nossa natureza racional sente sua superioridade, sua liberdade de limitações; portanto, um objeto contra o qual levamos a pior *fisicamente*, mas sobre o qual nos elevamos *moralmente*, i. e., por meio de ideias.

Somos dependentes apenas enquanto seres sensíveis; enquanto seres racionais, somos livres.

O objeto[1] sublime nos faz, *em primeiro lugar*, sentir nossa dependência enquanto seres naturais ao tornar para nós conhecida, *em segundo lugar*, a independência que mantemos,[2]

---

[1] Schiller emprega os termos *Objekt* e *Gegenstand* de modo intercambiável, ora para designar simplesmente aquilo que o sujeito tem diante de si, ora para indicar, de modo mais técnico, o objeto próprio da experiência. Uma vez que essa ambiguidade já se faz presente no original, optamos por traduzir ambos pelo termo "objeto".

[2] Com frequência, Schiller emprega o verbo *behaupten* em seu sentido original, que sugere um contexto de disputa militar efetiva, e não meramente intelectual, como parece ser o caso atualmente. O dicionário *Grimm* indica isso com clareza ao citar no verbete referente a esse termo, uma passagem da *Maria Stuart* (B. 1, Sp. 1131): "verwunderung ergreift

enquanto seres racionais, com relação à natureza tanto *em* nós quanto *fora* de nós.

Somos dependentes na medida em que algo *fora de* nós contém o fundamento pelo qual algo *em* nós se torna possível.

Enquanto a natureza fora de nós permanece conforme às condições sob as quais algo se torna possível em nós, não podemos sentir nossa dependência. Se devemos nos tornar conscientes dela, então a natureza tem de ser representada em luta com aquilo que é para nós *carência* e que, contudo, só é *possível* por meio de sua cooperação; ou, o que é dizer o mesmo, ela tem de se encontrar em contradição com nossos impulsos.

Mas todos os impulsos atuantes[3] em nós enquanto seres sensíveis se deixam explicar a partir de dois impulsos fundamentais. Em primeiro lugar, possuímos um impulso de alterar nosso estado, de exprimir nossa existência, de ser atuantes, e tudo isso equivale a adquirir representações; desse modo, pode-se chamá-lo impulso de representação, impulso de conhecimento. Em segundo lugar, possuímos um impulso de conservar nosso estado, de levar adiante nossa existência, o qual se denomina impulso de autoconservação.

O impulso de representação remete a conhecimento, o de autoconservação a sentimentos, portanto, a percepções internas da existência.

---

mich, / ich gestehs, / dasz diese länderlose königin / von Schottland, die den eignen kleinen thron / nicht zu behaupten wuste, ... / dein schrecken wird auf einmal im gefängnis". Assim, optamos por tornar explícito esse uso, empregando, em tais situações, a palavra "manter" em português, em vez de "afirmar".

[3] Schiller emprega *wirksam*, aqui, como sinônimo de *wirkend*, isto é, para indicar algo que está em ação, que está atuando (cf. GRIMM, B. 300, Sp. 588). Esse uso do termo difere daquele que reforça antes o fato de que algo produz os efeitos esperados e que costuma ser traduzido, em português, pela palavra "eficiente".

Através dessas duas espécies de impulsos, permanecemos assim em *dependência* da natureza de duas formas. A primeira podemos sentir quando a natureza deixa faltarem as condições nas quais atingimos conhecimentos; a segunda, quando a natureza contradiz as condições nas quais é possível para nós levar adiante nossa existência. Do mesmo modo, mantemos por meio de nossa razão uma dupla *independência* da natureza: *em primeiro lugar*, na medida em que podemos ultrapassar as condições naturais (no que é teórico) e *pensar* mais do que conhecemos; em *segundo lugar*, na medida em que podemos passar por cima das condições naturais (no que é prático) e contradizer nosso apetite através de nossa *vontade*. Um objeto frente a cuja percepção experimentamos a primeira independência é *grande de modo teórico*, um sublime do conhecimento. Um objeto que nos faz sentir[4] a independência de nossa vontade é grande de modo prático, um sublime do modo de pensar [*Gesinnung*].

No sublime teórico, a natureza se encontra, enquanto *objeto do conhecimento*, em contradição com o impulso de representação. No sublime prático, ela se encontra, enquanto *objeto da sensação*, em contradição com o impulso de conservação. Lá ela foi considerada meramente como um objeto que deveria ampliar nosso conhecimento; aqui, ela é representada como um poder capaz de determinar *nosso* próprio estado. Por isso, Kant denomina o sublime prático "sublime do poder" ou "sublime dinâmico", em oposição ao "sublime matemático".[5]

---

[4] Schiller não emprega os termos *fühlen* e *empfinden* de modo consistente, utilizando-os para designar, de modo intercambiável, seja a manifestação de sentimentos, seja, de modo mais técnico, a obtenção de representações sensíveis, de sensações. Optamos, desse modo, por traduzir ambos por "sentir".

[5] Kant não emprega, ao contrário do que Schiller parece sugerir, a expressão "sublime do poder" (*Das Erhabene der Macht*) na terceira crítica, embora, evidentemente, o sublime dinâmico seja apresentado a partir da natureza tomada como um poder. Kant emprega, com frequência, a expressão "sublime da natureza" (*Das Erhabene der Natur*).

Mas, como dos conceitos *dinâmico* e *matemático* não se pode concluir se a esfera do sublime está ou não esgotada por essa divisão, privilegiei a divisão em *sublime teórico* e *prático*.

No desenvolvimento do sublime teórico, será suficientemente exposto de que maneira somos dependentes das condições naturais nos conhecimentos, e como nos tornamos conscientes dessa dependência.[6] Provavelmente, não carece de prova que nossa existência como seres sensíveis é dependente de condições naturais fora de nós. Tão logo a natureza fora de nós altere aquela relação específica conosco sobre a qual está fundado o nosso bem-estar físico, é também imediatamente contestada[7] e colocada em perigo nossa existência no mundo sensível, que se prende a esse bem-estar físico. A natureza detém, portanto, em seu domínio[8] as condições sob as quais existimos. Para que não percamos de vista essa relação da natureza, tão indispensável à nossa existência [*Dasein*], nossa vida física encontra no *impulso de autoconservação* um guarda atento, enquanto esse impulso, por sua vez, encontra na *dor* alguém que o adverte. Assim, tão logo nosso estado físico sofra uma alteração que ameace determiná-lo no sentido oposto, a dor relembra o perigo, e o impulso da autoconservação é por ela intimado a resistir.

Se o perigo é *do* tipo em que nossa resistência seria vã, então deve surgir o *temor*. Um objeto cuja existência está

---

[6] Apesar dessa afirmação, Schiller praticamente não trata, em "Vom Erhabenen", do sublime teórico. Esse constitui, entretanto, o assunto principal de "Zerstreute Betrachtungen über verschiedene ästhetische Gegenstände", que integra o quarto volume da *Neue Thalia* (1793, 4. B., p. 115-180). Ao menos do ponto de vista temático, os dois textos podem ser considerados, desse modo, complementares.

[7] Schiller refere-se aqui ao § 28 da *Crítica da faculdade de julgar*, trecho que será citado no decorrer de seu artigo (cf. KANT, 1999, p. 186).

[8] O termo original, *Gewalt*, é polissêmico. Empregamos "domínio" sempre que o contexto indicava, como aqui, a ideia de dependência. Nos demais casos, usamos "poder" ou "violência", conforme a situação.

em conflito com as condições da nossa é, assim, temível, um objeto de temor quando não nos sentimos à sua altura no que diz respeito ao poder.

Mas ele só é temível para nós enquanto seres sensíveis, pois apenas enquanto tais dependemos da natureza. Aquilo em nós que não é natureza, que não está submetido à lei natural, não tem nada a temer[9] da natureza fora de nós considerada como poder. A natureza representada como um poder que, embora capaz de determinar o nosso estado físico, não detém nenhum domínio sobre a nossa vontade é sublime *de modo dinâmico* ou *prático*.

O sublime prático se diferencia, assim, do sublime teórico pelo fato de que o primeiro está em conflito com as condições de nossa existência, ao passo que o último apenas com as condições do conhecimento. Um objeto é sublime de modo teórico na medida em que traz consigo a representação da infinitude, para cuja apresentação a faculdade da imaginação[10] não se sente à altura.[11] Um objeto é sublime de modo prático na medida em que traz consigo a representação de um perigo que nossa força física não se sente capaz de vencer. Sucumbimos na tentativa de realizar uma representação do primeiro; e sucumbimos na tentativa de nos contrapor ao poder do segundo. Um exemplo do primeiro é o oceano em calmaria, o oceano em tempestade é um exemplo do segundo.[12]

---

[9] Sobre o uso de *befahren* como sinônimo de *fürchten*, ver GRIMM, B. 1, Sp. 1246-1248.

[10] No original, *Einbuldungskraft*. Em geral, optamos por traduzir *Kraft*, em termos compostos tais como esse, por "faculdade".

[11] Schiller emprega o termo *Vorstellung* para referir-se à representação de modo geral, reservando *Darstellung* para os casos em que tem em mente a apresentação dos dados sensíveis na síntese realizada pela imaginação.

[12] Kant e Burke usam exemplos semelhantes. A imagem remete direta ou indiretamente a uma passagem de Addison que se refere a seu artigo The Pleasures of the Imagination (1898, p. 58, tradução nossa): "Não

Uma torre ou uma montanha monstruosamente alta pode fornecer um sublime do conhecimento. Se ela se inclinar para baixo sobre nós, então se transformará em um sublime do modo de pensar. Ambos possuem em comum, contudo, o fato de que, justamente por estarem em contradição com as condições de nossa existência e de nossa atuação, eles descobrem aquela força em nós que não se sente ligada a qualquer uma dessas condições; uma força, portanto, que por um lado pode pensar mais do que aquilo que o sentido apreende e que por outro não teme em nada pela sua independência, e não sofre nenhuma violência em suas expressões, mesmo que seu companheiro sensível deva sucumbir sob o mais temível poder da natureza.

Se ambos os tipos de sublime mantêm uma relação semelhante com a nossa faculdade da razão, eles se encontram, todavia, em uma relação completamente diversa com a nossa sensibilidade, o que funda uma diferença importante entre eles no que diz respeito tanto à intensidade[13] quanto ao interesse.

O sublime teórico contradiz o impulso de representação, o sublime prático, por sua vez, o impulso de conservação. No primeiro é contestada apenas uma única expressão da faculdade de representação sensível, no segundo, por outro lado, o fundamento último de todas as suas expressões possíveis, a saber, a existência.

É verdade que todo esforço para o conhecimento que é malsucedido está ligado ao desprazer, pois um impulso ativo é

---

posso ver sem um Assombro muito prazeroso o alçar dessa prodigiosa massa de águas, mesmo em Calmaria; mas, quando transformada em uma Tempestade, tal que o Horizonte de todo Lado não é mais que Vagalhões espumantes e Montanhas flutuantes, é impossível descrever o agradável Horror que surge de tal Visão".

[13] No original, *Stärke*. Nos casos em que Schiller utiliza esse termo como sinônimo de *Kraft*, optamos por traduzi-lo em português por "força".

desse modo contradito. Mas esse desprazer não pode se elevar até a dor enquanto sabemos ser nossa existência independente do sucesso ou do insucesso de um tal conhecimento, e enquanto nosso autorrespeito não sofre com isso.

No entanto, um objeto que está em conflito com as condições de nossa existência, que despertaria *dor* na sensação imediata, desperta *terror* na representação; pois a natureza teve de encontrar, para a conservação da força mesma, recursos totalmente diferentes do que julgou necessário para a manutenção da atividade. Nossa sensibilidade é, assim, interessada frente ao objeto *temível* de modo bem diverso do que ocorre com o objeto infinito, pois o impulso de autoconservação eleva uma voz bem mais alta do que o impulso de representação. É bem diferente se temos algo a temer com relação à posse de uma única representação ou do fundamento de todas as representações possíveis, com relação à nossa existência no mundo sensível; isto é, se temos a temer pela própria existência ou por uma única expressão dela.

Mas precisamente por isso, porque o objeto *temível* ataca a nossa natureza sensível com mais violência do que o objeto infinito, a distância entre as faculdades sensível e suprassensível é sentida neste caso de modo mais vivaz, assim como a superioridade da razão e a liberdade interna do ânimo são sentidas de modo mais destacado. Uma vez que toda a essência do sublime está baseada na consciência dessa nossa liberdade racional, e que todo prazer no sublime está fundado, justamente, apenas em tal consciência, então se segue por si mesmo (o que também ensina a experiência) que o *temível* na representação estética deve nos mover de modo mais vivaz e agradável do que o *infinito*, e, portanto, que o sublime prático possui de antemão uma grande preponderância em relação ao teórico no que diz respeito à intensidade da sensação.

Aquilo que é grande de modo teórico amplia na verdade apenas a nossa *esfera*; aquilo que é grande de modo sublime, o sublime dinâmico,[14] a nossa *força*. Só por meio deste último experimentamos a nossa verdadeira e completa independência da natureza, pois sentir-se independente de condições naturais apenas na ação do representar é bem diferente de sentir-se desse modo em toda a sua existência interior, de sentir-se como que elevado e acima do destino, de todo acaso, de toda necessidade natural. Nada preocupa mais o homem enquanto ser sensível do que o cuidado com a sua existência, e nenhuma dependência é para ele mais opressiva do que esta — considerar a natureza como aquela força que pode dispor de sua existência. E é dessa dependência que ele se sente livre na contemplação do sublime prático. "O poder irresistível da natureza", afirma Kant, "nos faz, considerados como seres sensíveis, reconhecer a nossa impotência, mas descobre também em nós uma faculdade de ajuizar-nos como independentes dela, e uma superioridade em relação à natureza sobre a qual se funda uma autoconservação de tipo totalmente diferente daquela que pode ser contestada e colocada em perigo pela natureza fora de nós — com o que a *humanidade* em nossa pessoa permanece não rebaixada, mesmo que o *homem* tivesse de sucumbir àquele poder. Desse modo", prossegue ele, "o poder temível da natureza será esteticamente ajuizado por nós como sublime porque ele convoca aquela força em nós que não é natureza a ver como *pequeno* tudo aquilo pelo que estamos preocupados enquanto seres sensíveis — bens, saúde e vida; e, portanto, também a não considerar para nós e nossa personalidade aquele poder da natureza — ao qual estamos contudo submetidos em vista desses bens — como um poder ao qual tivéssemos de nos curvar quando se tratasse de nossos mais altos princípios e de sua afirmação ou abandono. Assim",

---

[14] Apesar de privilegiar a classificação do sublime em "teórico" e "prático", Schiller emprega aqui, e também em outros pontos de seu texto, a terminologia kantiana: sublime "dinâmico".

conclui ele, "a natureza se chama aqui sublime porque eleva a faculdade da imaginação à apresentação daqueles casos em que o ânimo pode fazer-se sensível à própria sublimidade de sua destinação".[15]

Essa sublimidade de nossa destinação racional – essa nossa independência prática em relação à natureza tem de ser bem diferenciada daquela superioridade que sabemos manter com relação a ela como poder, em certos casos, seja por meio de nossas forças corporais, seja por meio de nosso entendimento. Tal superioridade possui em si, na verdade, também algo de grande, mas absolutamente nada de sublime. Um homem, por exemplo, que luta contra um animal selvagem e o sobrepuja por meio da força de seus braços ou da astúcia; uma torrente caudalosa como o Nilo, cujo poder é interrompido por meio de barragens, e que o entendimento humano até transforma de objeto prejudicial em útil, na medida em que capta as suas cheias em canais e irriga com elas campos ressecados; um navio no mar que está em condições de resistir a toda a impetuosidade [*Ungestüm*] do elemento selvagem graças à sua construção artificial. Enfim, todos aqueles casos em que o homem, por meio de seu inventivo entendimento, obrigou a natureza a obedecê-lo e a servir a seus propósitos – mesmo lá onde ela, enquanto poder, é superior a ele e está armada para a sua derrocada. Todos esses casos, afirmo, não despertam nenhum sentimento do sublime, mesmo que possuam algo de análogo a ele e que, portanto, também agradem no ajuizamento estético. Mas por que eles não são sublimes, ainda que tornem representável a superioridade do homem sobre a natureza?

---

[15] Schiller cita o § 28 da *Crítica da faculdade de julgar*, ou seja, aquele que abre a discussão, dentro da "Analítica do sublime", sobre o "sublime dinâmico da natureza". Apesar das aspas, Kant não é citado ao pé da letra. Os itálicos são de Schiller (Cf. KANT, 1999, p. 186-187.)

Temos aqui de voltar ao conceito do sublime, no qual o motivo[16] se deixa descobrir com facilidade. Segundo esse conceito, é sublime apenas o objeto contra o qual sucumbimos enquanto *seres naturais*, mas do qual nos sentimos absolutamente independentes enquanto seres racionais, enquanto seres que não pertencem à natureza. Logo, todos os *meios naturais* que o homem aplica para resistir ao poder da natureza estão, segundo esse conceito, *excluídos*; pois tal conceito demanda absolutamente que não estejamos à altura do objeto enquanto seres naturais, mas que nos sintamos como que independentes dele por meio daquilo em nós que não é natureza (e isso não é outra coisa senão razão pura). Ora, todos aqueles meios apresentados através dos quais o homem se torna superior à natureza (habilidade, astúcia e força física) são tomados à natureza e cabem a ele, portanto, enquanto ser natural; assim, ele resiste a tais objetos não como inteligência, mas sim como ser sensível, não moralmente por meio de sua liberdade interna, mas sim fisicamente pela aplicação de forças naturais. Ele não sucumbe, consequentemente, a esses objetos, antes já é superior a eles enquanto ser sensível. Mas quando as suas forças físicas são suficientes, não há nada que poderia levá-lo a buscar refúgio em seu Eu inteligente, na autonomia [*Selbständigkeit*] interna[17] de sua faculdade da razão.

Para o sentimento do sublime é absolutamente exigido, portanto, que nos vejamos completamente abandonados de todo *meio de resistência físico* e que busquemos auxílio, ao contrário, em nosso Eu não físico. Tal objeto tem de ser *temível* para a nossa sensibilidade, e isso ele deixa de ser tão logo nos sintamos à sua altura por meio de forças naturais.

---

[16] No original, *Grund*. Optamos por traduzir esse termo por "fundamento", exceto nos caso em que, como aqui, Schiller o emprega no mesmo sentido daquele usado na expressão *"aus diesem Grund"*

[17] Traduzimos, indistintamente, *Selbständigkeit* e *Autonomie* por "autonomia".

Isso também é confirmado pela experiência. A força natural mais poderosa torna-se menos sublime à medida que aparece domada pelo homem, e se torna rapidamente sublime outra vez tão logo arruíne a arte do homem. Um cavalo que corre sem destino nas florestas ainda livre e indomado é, enquanto *força natural* que nos supera, *temível* para nós, e pode fornecer um objeto para uma descrição sublime. O mesmo cavalo, domesticado, atrelado ao jugo ou à carroça, perde sua temibilidade, e com ela também todo o sublime. Se esse cavalo domado agora rompe suas rédeas, se ele se empina exasperado sob seu cavaleiro, se ele dá a si mesmo de volta, de modo violento, sua liberdade, então sua temibilidade está novamente ali, e ele se torna outra vez sublime.

Assim, a superioridade física do homem sobre as forças naturais não é um fundamento do sublime, uma vez que, em quase todo lugar onde se encontra, ela enfraquece ou aniquila por completo a sublimidade do objeto. É verdade que podemos nos demorar com notável deleite na contemplação da habilidade humana que soube submeter as mais selvagens forças naturais. Mas a fonte desse deleite é *lógica*, e não *estética*; ela é efeito do refletir e não é instilada pela representação imediata.

A natureza só é sublime de modo prático, portanto, onde é *temível*. Mas então se coloca a pergunta: o inverso também *é* assim? Seria ela, em todo lugar onde é temível, também sublime de modo prático?

Aqui temos de voltar mais uma vez ao conceito de sublime. Se é tão essencial a exigência de que nos sintamos, enquanto seres sensíveis, dependentes do objeto, é necessário, por outro lado, de modo igualmente essencial, que nos sintamos independentes do objeto enquanto seres racionais. Quando a primeira exigência não ocorre, quando o objeto não possui nada de temível para a nossa sensibilidade, não é possível nenhuma sublimidade. Quando falta a segunda, quando ele é *apenas* temível, quando não nos sentimos superiores a ele enquanto seres racionais, a sublimidade também não é possível.

A liberdade interna do ânimo é absolutamente necessária para que se considere sublime o temível, e para que se tenha agrado com ele; pois ele só pode ser sublime porque nos faz sentir a nossa independência, a nossa liberdade do ânimo. O temor efetivo e levado a sério, contudo, suspende toda a liberdade do ânimo.

Portanto, o objeto sublime tem de ser temível, mas o temor efetivo ele não pode despertar. O temor é um estado de *sofrimento* e *violência*; o sublime só pode agradar na contemplação livre e por meio do sentimento da atividade interna. Assim, ou bem o objeto temível não pode direcionar seu poder contra nós, ou bem, se isso ocorre, nosso espírito tem de permanecer livre enquanto nossa sensibilidade é subjugada. Contudo, esse último caso é bastante raro e exige uma *elevação* da natureza humana que dificilmente pode ser pensada como possível em um sujeito. Pois quando nos encontramos efetivamente em perigo, quando somos nós mesmos o objeto de um poder inamistoso da natureza, já está perdido o ajuizamento estético. Por mais que uma tempestade no mar possa ser sublime contemplada da margem, dificilmente poderia estar disposto a fazer tal juízo estético sobre a tempestade quem se encontra no navio que está sendo por ela destroçado.

Temos de nos ocupar, portanto, somente do primeiro caso, no qual o objeto temível nos permite ver seu poder mas não o direciona contra nós, quando *sabemos* estar *seguros* contra ele. Então, é apenas na imaginação que nos colocamos no caso em que esse poder seria capaz de atingir a nós mesmos, e em que toda resistência seria vã. O terrível está, assim, apenas na representação. Mas também a mera representação do temor já põe, quando bem vivaz, o impulso de conservação em movimento, e o que se segue é algo análogo àquilo que a sensação efetiva produziria. Somos tomados de horror, um sentimento de ansiedade se faz presente, nossa sensibilidade se indigna. E sem esse início do sofrimento efetivo, sem que esse ataque à nossa existência seja levado a sério, iríamos apenas jogar com o objeto; tem de haver *seriedade*, ao menos na sensação, se a razão deve buscar refúgio na ideia de sua liberdade. A consciência de nossa liberdade interna também só pode possuir algum valor e ter alguma validade na medida em que há seriedade; e não pode haver seriedade quando apenas jogamos com a representação do perigo.

Afirmei que temos de nos encontrar em segurança se o *temível* deve nos agradar. Ora, existem infortúnios e perigos contra os quais o homem nunca pode saber-se seguro, mas que podem ser sublimes na representação – e efetivamente o são. O conceito de segurança não pode ser tão limitado a ponto de exigir que nos saibamos fisicamente subtraídos ao perigo – como quando, por exemplo, olhando para baixo, vemos de um parapeito alto e bem afixado um grande abismo, ou de um ponto elevado o mar em tempestade. Aqui, a ausência de temor se funda, naturalmente, na convicção da impossibilidade de que possamos ser atingidos. Mas no que poderíamos fundar nossa segurança contra o destino, contra o poder onipresente da divindade, contra doenças dolorosas, contra perdas desoladoras, contra a morte? Já não está à mão nenhum fundamento físico para a tranquilização; e quando pensamos no destino em toda a sua temibilidade, temos de nos dizer prontamente que não estamos de modo algum "subtraídos" a ele.

Há, portanto, um fundamento duplo para a segurança. Contra aqueles males dos quais somos capazes de escapar por meio de nossa faculdade física, podemos ter segurança física externa; mas contra aqueles males aos quais não estamos em condição de resistir ou dos quais não podemos nos esquivar por um caminho natural, podemos ter apenas segurança interna ou moral. Essa diferença é especialmente importante no que diz respeito ao sublime.

A *segurança física* é um fundamento de tranquilização imediato para a nossa sensibilidade, sem qualquer relação com o nosso estado interno ou moral. Por isso, absolutamente nada é exigido para contemplar sem temor o objeto em relação ao qual estamos nessa segurança física. É também por essa razão que se nota entre os homens uma concordância bem maior dos juízos sobre o sublime *de tais* objetos cuja visão está ligada à segurança física do que daqueles em relação aos quais só se tem segurança moral. A causa salta aos olhos. A segurança física convém a qualquer um do mesmo modo; a segurança moral, ao contrário, tem por condição um estado de ânimo que não pode ser encontrado em todos os sujeitos. Entretanto, uma vez que essa segurança física só vale para a sensibilidade, ela não possui por si mesma nada que pudesse agradar à razão, e sua influência é apenas negativa, na medida em que meramente impede que o impulso de autoconservação seja aterrorizado, e que a liberdade do ânimo seja suspensa.

Isso é bem diferente com a *segurança* interna ou *moral*. Ela também é, na verdade, um fundamento de tranquilização para a *sensibilidade* (senão, ela mesma seria sublime), mas apenas de modo mediato, através de ideias da razão. Olhamos o temível sem temor porque nos sentimos, enquanto seres naturais, subtraídos a seu poder sobre nós, seja pela consciência de nossa *inocência*, seja pelo pensamento da *indestrutibilidade de nosso ser*. Como se vê, essa segurança moral postula *ideias religiosas*, pois apenas a *religião*, mas não a *moral*, estabelece fundamentos de tranquilização para nossa sensibilidade. A moral segue a prescrição da razão impiedosamente e sem qualquer consideração pelo interesse de nossa sensibilidade. É a religião, contudo, que procura instituir uma reconciliação, um acordo entre as exigências da razão e as preocupações da sensibilidade. Para a segurança moral não é de modo algum suficiente o fato de que possuímos um modo de pensar moral; exige-se ainda que pensemos a *natureza* em consonância com a *lei moral* ou, o que aqui é o mesmo, que a pensemos para nós sob a influência de um puro ser racional. A morte, por exemplo, é um desses objetos contra os quais *só* possuímos segurança moral. A representação vivaz de todos os seus terrores, ligada à certeza de não poder dela escapar, tornaria completamente impossível para a maioria dos homens – pois a maioria é muito mais ser sensível do que ser racional – ligar a tal representação tanta tranquilidade quanto é exigida para um juízo estético – se a crença da razão em uma imortalidade não fornecesse uma saída mediana, ainda que apenas para a sensibilidade.

Mas não se deve compreender isso como se a representação da morte, quando ligada à sublimidade, obtivesse tal sublimidade através da ideia da imortalidade. De modo algum! A ideia da imortalidade, como a tomo aqui, é um fundamento de tranquilização para nosso impulso de continuidade, portanto, para nossa sensibilidade; e tenho de fazer notar pela última vez que a sensibilidade, com todas as suas exigências, deveria ter sido absolutamente repelida de tudo aquilo que deve causar uma impressão sublime, e que todo fundamento de tranquilização teria de ser buscado apenas na razão. Essa ideia de imortalidade, na qual a sensibilidade de certo modo ainda é levada em conta (tal como é estabelecida em todas as religiões positivas), não pode contribuir em nada para fazer da representação da morte um objeto sublime. Antes, tem essa ideia de permanecer somente em segundo plano, de modo a apenas vir em auxílio da sensibilidade caso esta se sinta exposta, sem defesa ou conforto, a todos os terrores do aniquilamento e corresse o risco de sucumbir a esse ataque veemente. Se essa ideia da imortalidade se torna dominante no ânimo, a morte perde o *temível*, e o *sublime* desaparece.

A divindade, representada em sua onisciência, que atravessa iluminando todas as reentrâncias do coração humano, em sua sacralidade, que não tolera nenhuma emoção impura, e em seu poder, que tem em seu domínio nosso destino físico, é uma representação *temível* e pode, por essa razão, tornar-se uma representação *sublime*. Não podemos ter nenhuma segurança física contra os efeitos deste poder, porque é impossível tanto *nos esquivar deles* quanto oferecer *resistência*. Assim, resta-nos apenas a segurança moral, que supomos baseada na equidade desse ser e em nossa inocência. Olhamos os terríveis fenômenos por meio dos quais ela dá a conhecer seu poder sem terror, porque a consciência de nossa inculpabilidade nos assegura contra ele. Essa segurança moral torna possível para nós não perder completamente nossa liberdade do ânimo na representação desse poder sem limites, irresistível e onipresente – dado que, quando ela se perde, o ânimo não está mais disposto para qualquer ajuizamento estético. Ela não pode, contudo, ser a causa do sublime, pois esse sentimento de segurança, ainda que baseado em fundamentos morais, fornece em última análise apenas um fundamento de tranquilização para a sensibilidade, e satisfaz o impulso de autoconservação. Mas o sublime não se funda jamais sobre a satisfação de nossos impulsos. Se a representação da divindade deve se tornar sublime de modo prático (dinâmico), nós *não podemos* relacionar o sentimento de nossa segurança à *nossa existência*, e sim aos *nossos princípios*; se nos sentimos independentes dos efeitos de seu poder apenas enquanto inteligências, tem de nos ser indiferente se isso é bom ou ruim para nós enquanto seres naturais. Mas já nos sentimos enquanto seres racionais independentes até da onipotência, na medida em que nem mesmo ela é capaz de suspender nossa autonomia, de determinar a nossa vontade contra os nossos princípios. Assim, a representação do poder da divindade é sublime de modo dinâmico somente quando negamos a ela toda *influência natural* sobre as *determinações de nossa vontade*.

Sentir-se independente da divindade nas determinações de nossa vontade não significa outra coisa senão ter consciência de que ela não pode nunca, *enquanto poder,* atuar sobre a nossa vontade. Mas, uma vez que a vontade pura tem sempre de coincidir com a vontade da divindade, nunca pode ocorrer o caso em que nos determinamos, com base na razão pura, contra tal vontade. Assim, negamos à divindade a influência sobre nossa vontade meramente porque temos consciência de que *ela só pode influenciar as determinações de nossa vontade por meio de sua concordância com a pura lei racional em nós* – não, portanto, por meio da autoridade, por meio da recompensa ou da punição, não tendo em vista o seu poder. A nossa razão venera na divindade apenas a sua sacralidade, e não teme dela nada a não ser a sua desaprovação – e esta, na verdade, somente na medida em que reconhece na razão divina as suas próprias leis. Não está sob o *arbítrio* divino, contudo, aprovar ou desaprovar os nossos modos de pensar; isso é determinado pela nossa conduta. Assim, no único caso em que a divindade poderia tornar-se temível para nós – a saber, em sua desaprovação –, nós não dependemos dela. Logo, a divindade é sublime de modo dinâmico quando representada como um poder que pode suspender nossa *existência,* mas que, enquanto a tivermos, não pode ter qualquer influência sobre as ações de nossa razão – e somente a religião que fornece essa representação da divindade carrega em si o selo da sublimidade.[18][*]

---

[18] Schiller cita novamente o § 28, e, mais uma vez, o texto não corresponde exatamente à letra de Kant (cf. KANT, 1999, p. 187-188).

[*] "Parece estar em conflito com essa análise do conceito de sublime dinâmico", afirma Kant, "o fato de que costumamos representar Deus em intempéries, terremotos, etc. como um poder encolerizado e, entretanto, sublime, com o que de nosso lado seria tolice e também ultraje imaginar uma superioridade do ânimo sobre os efeitos de um tal poder. A disposição de ânimo que parece convir ao fenômeno de um tal objeto não parece ser qualquer sentimento da sublimidade de nossa própria natureza, mas muito antes abatimento e submissão. Na religião em geral, o único comportamento conveniente em presença da divindade parece ser o prostrar-se, a adoração com gestos amedrontados e contritos – o qual,

O objeto do sublime prático tem de ser temível para a sensibilidade; um mal *tem de* ameaçar o nosso estado físico, e a representação do perigo tem de colocar em movimento o impulso de autoconservação.

Nosso *eu inteligível*, aquilo em nós que não é natureza, tem de se diferenciar da parte sensível de nosso ser em cada afecção do impulso de conservação e se tornar consciente de sua autonomia, de sua independência de tudo aquilo que a natureza física pode atingir – em suma, de sua liberdade.

Essa liberdade é, entretanto, absolutamente moral, e não física. Não podemos nos sentir superiores ao objeto temível por meio de nossas forças físicas, por meio de nosso entendimento – enquanto seres sensíveis. Pois senão a nossa segurança seria condicionada apenas por causas físicas, portanto empiricamente, e restaria sempre uma dependência da natureza. Antes, tem de nos ser completamente indiferente se isso é bom ou ruim para nós enquanto seres naturais, e nossa liberdade tem de consistir meramente do fato de que não contamos o nosso estado físico, que pode ser determinado pela natureza, como parte de nosso eu, mas antes o consideramos como algo alheio e externo [*auswärtig*], que não tem nenhuma influência sobre a nossa pessoa moral.

---

por isso, a maioria dos povos adotou. Mas", prossegue ele, "essa disposição do ânimo não está nem de longe necessariamente ligada à ideia da sublimidade de uma religião. O homem consciente de sua culpa – que, portanto, possui uma causa para temer – não está de modo algum na disposição de ânimo necessária para admirar a grandeza divina. Apenas quando tem a consciência limpa é que aqueles efeitos do poder divino servem para lhe fornecer uma ideia sublime da divindade, na medida em que ele é elevado, por meio da ideia de seu próprio modo de pensar sublime, acima do medo dos efeitos desse poder. Ele tem respeito, e não temor da divindade; a superstição, ao contrário, sente o mero temor e medo da divindade sem tê-la em alta conta, e daí nunca pode surgir uma religião da boa vida, mas apenas solicitação de favor e adulação (Kant, "Crítica da faculdade de julgar estética", Analítica do sublime).

*Grande* é aquele que sobrepuja o temível. *Sublime* é aquele que, mesmo sucumbindo, não teme.

Aníbal foi grande de modo teórico porque abriu uma passagem através dos Alpes intransitáveis até a Itália; grande de modo prático ou sublime ele só foi na infelicidade.[19]

Hércules foi grande porque empreendeu os seus doze trabalhos e os concluiu.

Sublime foi Prometeu, porque acorrentado ao Cáucaso não se arrependeu de seu ato e não admitiu o seu erro.

Grandes podemos nos mostrar na *felicidade*, sublimes apenas na infelicidade.

Sublime de modo prático é, portanto, todo objeto que nos faz notar a nossa impotência enquanto seres naturais – mas que também descobre em nós uma faculdade de resistência de tipo totalmente diferente, a qual *não* afasta o perigo de nossa existência física, mas (o que é infinitamente mais) dissocia a nossa própria existência física de nossa personalidade. A segurança de que nos tornamos conscientes na representação do sublime não é, portanto, uma segurança *material* que se aplica a apenas um único caso, mas antes uma segurança *ideal* que se estende por todos os casos possíveis. Assim, o sublime não se funda de modo algum no sobrepujamento ou na suspensão de um perigo que nos ameaça, mas antes na remoção das condições últimas sob as quais o perigo pode se dar para nós – na medida em que o sublime nos ensina a considerar a parte sensível de nosso ser, a única submetida ao perigo, como uma coisa da natureza que é externa e não diz respeito de modo algum a nossa verdadeira pessoa, a nosso eu moral.

---

[19] Comandante militar cartaginês (248-183/2 a.C.), filho de Amílcar Barca, que atuou nas Guerras Púnicas e abriu caminho até a Itália através dos Alpes. O exemplo de Aníbal era comum no século XVIII e é mencionado por Rousseau, por exemplo, em seu *Discurso sobre as ciências e as artes* (1750) (cf. ROUSSEAU, 1971, p. 48).

***

Após o estabelecimento do conceito de sublime prático, estamos em condições de classificá-lo segundo a diversidade dos objetos por meio dos quais ele é despertado e segundo a diversidade das relações nas quais nos encontramos frente a tais objetos.

Diferenciamos três aspectos na representação do sublime: *em primeiro lugar*, um objeto da natureza como poder; *em segundo lugar*, uma relação desse poder com a nossa faculdade de resistência física; *em terceiro lugar*, uma relação do mesmo poder com a nossa pessoa moral. O sublime é, desse modo, o efeito de três representações consecutivas: I. a representação de um poder físico objetivo; II. a representação da nossa impotência física subjetiva; III. a representação de nossa supremacia moral subjetiva. Embora esses três componentes devam essencial e necessariamente se unificar em toda representação do sublime, é contingente o modo como atingimos a representação de cada um deles, e é nisso que se funda agora uma distinção primordial no sublime do poder.

## 1.

Ou bem está dado na intuição apenas um objeto como poder, a causa objetiva do sofrimento, mas não o próprio sofrimento – e é o sujeito que julga aquele que gera em si mesmo a representação do sofrimento, e que transforma o objeto dado em objeto de temor através da relação com o impulso de conservação, e em sublime através da relação à sua pessoa moral.

## 2.

Ou, ao contrário, além do objeto como poder é representada objetivamente para o homem também a sua temibilidade, o próprio sofrimento, e nada resta para o sujeito ajuizante senão fazer aplicação disso para o seu estado moral e gerar o sublime a partir do temível.

Um objeto da primeira classe é sublime *de modo contemplativo*, um objeto da segunda é sublime *de modo patético*.

# I
## O sublime contemplativo do poder

Objetos que não se mostram para nós mais do que como um poder da natureza muito superior ao nosso, mas que, além disso, nos deixam decidir se queremos fazer aplicação disso para o nosso estado físico ou para a nossa pessoa moral, são sublimes meramente de modo contemplativo. Denomino-os assim porque eles não tomam o ânimo de modo tão violento que ele não possa perseverar em um estado de tranquila contemplação. No sublime contemplativo, quase tudo depende de uma atividade própria do ânimo, porque de fora só é dada *uma* condição, ao passo que as outras duas têm de ser preenchidas pelo próprio sujeito. Por esse motivo, o efeito do sublime contemplativo não é nem tão intensivamente forte nem tão difundido quanto o do sublime patético. *Efeito não tão difundido* porque nem todos os homens possuem suficiente faculdade de imaginação para produzir em si mesmos uma representação vivaz do perigo, nem todos possuem suficiente força moral autônoma para não preferir esquivar-se de uma tal representação. *Efeito não tão intenso* porque a representação do perigo, mesmo que despertada de modo tão vivaz, é nesse caso *sempre voluntária*, e o *ânimo* permanece com mais facilidade senhor de uma representação que ele gerou por atividade própria. O sublime contemplativo cria, desse modo, uma *fruição* menor, mas também menos misturada.

Para o sublime contemplativo, a natureza não fornece mais do que um objeto como poder, do qual resta à faculdade de imaginação fazer algo temível para a humanidade.

O sublime terá de resultar diverso conforme seja maior ou menor a participação da fantasia[20] na produção desse objeto temível, conforme ela exerça a sua ocupação de modo mais franco ou mais encoberto.

Um abismo que se abre a nossos pés, um temporal, um vulcão em chamas, um rochedo que pende sobre nós como se quisesse a qualquer momento despencar, uma tempestade no mar, um vento gélido da região polar, um verão da zona quente, um animal feroz ou venenoso, uma inundação, etc. são tais poderes da natureza contra os quais não podemos contar em nada com nossa faculdade de resistência, e que se encontram, entretanto, em contradição com nossa existência física. Até mesmo certos objetos ideais – tais como, por exemplo, o *tempo*, considerado como um poder que atua silenciosa mas impiedosamente; a *necessidade*, a cuja rígida lei nenhum ser natural pode se subtrair; mesmo a ideia moral do *dever*, que se comporta não raro como um poder hostil contra a nossa existência física – são objetos temíveis tão logo a *faculdade da imaginação* os relacione ao impulso de conservação; e eles se tornam sublimes tão logo a *razão* os aplique para suas leis mais altas.[21] Mas, uma vez que, em todos esses casos, é a fantasia que acrescenta o temível, e uma vez que cabe totalmente a nós reprimir uma ideia que é na verdade obra nossa, esses objetos pertencem à classe do sublime contemplativo.

Mas a representação do perigo possui aqui um fundamento *real*, e basta apenas uma simples operação – atar, em

---

[20] *Phantasie* é o outro termo que o debate moderno sobre estética tradicionalmente emprega para denotar a faculdade da imaginação [*Einbildungskraft*].

[21] A variedade dos exemplos mencionados por Schiller sugere que suas leituras sobre o sublime não se restringiram à terceira crítica, mas incluíram também outros autores da tradição moderna. O *Enquiry* de Burke (1757), possivelmente a mais extensa tentativa de sistematizar o debate inglês sobre esse tema, trata de muitos casos abordados pelo poeta alemão (cf. BURKE, 1998, p. 102; 109-110; 123-124).

*uma* representação, a existência dessas coisas à nossa existência física – para que o temível se faça presente. A fantasia não precisa acrescentar nada por seus próprios meios, mas antes se atém àquilo que lhe é dado.

Por outro lado, objetos da natureza em si mesmos indiferentes para nós são não raro transformados subjetivamente em poderes temíveis pela intervenção da fantasia. A própria fantasia, ela mesma não *descobre* meramente o temível por comparação, *mas antes* o *cria* por sua própria conta sem possuir um fundamento objetivo suficiente para tal. Esse é o caso para o *extraordinário* e o *indeterminado*.

Para o homem no estado da infância, quando a imaginação atua de modo menos restrito, tudo o que é incomum é terrível. Em cada fenômeno inesperado da natureza ele crê avistar um inimigo equipado contra a sua existência, e o impulso de conservação está imediatamente ocupado em confrontar-se[22] com o ataque. O impulso de conservação é nesse período o seu soberano ilimitado, e uma vez que esse impulso é medroso e covarde, seu domínio é um reino de terror e temor. A superstição, que se forma nessa época, é, desse modo, negra e temível, e também os costumes carregam esse caráter tenebroso e inamistoso. Encontra-se o homem antes armado do que vestido, e a espada é a primeira coisa que ele pega quando encontra um estranho. O hábito dos antigos Táuridas de sacrificar a Diana todo recém-chegado que a infelicidade levasse à sua costa dificilmente tem outra origem senão o *temor*; pois só o homem com uma *formação torta*, mas não o homem *sem formação*, é tão asselvajado a ponto de voltar a sua fúria contra aquilo que não pode prejudicá-lo.[23]

---

[22] Para esse uso de *begegnen* como sinônimo de *entgegentreten*, cf. Grimm (B. 1, Sp. 1284).

[23] Referência ao enredo da tragédia de Eurípides *Ifigênia em Táuris*. Goethe retoma e reconta a história em sua peça de mesmo nome, publicada na

Esse temor de tudo o que é extraordinário de fato se perde no estado da cultura, mas não totalmente a ponto de não restar dele um vestígio na contemplação *estética* da natureza, quando o homem se entrega voluntariamente ao jogo da fantasia. Disso sabem os poetas muito bem e não deixam, por essa razão, de utilizar o *extraordinário* ao menos como um ingrediente do temível. Um silêncio profundo, um grande vazio, um clarão súbito na escuridão são coisas, em si mesmas, bastante indiferentes para nós, que não se distinguem a não ser pelo caráter extraordinário e incomum. Ainda assim, elas despertam um sentimento de terror ou ao menos intensificam tal impressão, e são desse modo propícias para o sublime.

Quando Virgílio deseja encher-nos de pavor a respeito do reino do inferno, ele nos chama a atenção principalmente para o silêncio e a vacuidade. Ele o denomina *loca nocte late tacentia*, campos vastamente calados da noite, *demos vacuas Ditis et inania regna*, moradas vazias e reinos ermos de Plutão (*Eneida*. Livro VI, versos 265, 269).

Nas consagrações dos mistérios dos antigos tinha-se em vista primordialmente uma impressão temível e solene, e para isso silenciar era um recurso privilegiado. Um silêncio profundo fornece à faculdade da imaginação um espaço livre de jogo e tensiona a expectativa de algo temível que está por vir. Nos exercícios do culto, o silenciar de toda uma congregação reunida é um meio muito eficiente de impulsionar a fantasia e pôr o ânimo em uma disposição solene. Até mesmo as superstições populares fazem uso disso em seus devaneios, pois, como se sabe, um profundo silêncio tem de ser observado quando se pretende desenterrar um tesouro. Nos palácios encantados que surgem nas lendas de fadas domina

---

Alemanha em 1787, cuja leitura influenciou profundamente o interesse de Schiller pelo mundo grego (cf. SÜSSEKIND, 2005).

um silêncio mortal que desperta pavor, e pertence à história natural das florestas encantadas que nada vivo ali se mova. Também a *solidão* é algo temível, tão logo ela seja contínua e não voluntária – como, por exemplo, o exílio em uma ilha inabitada. Um deserto muito extenso, uma floresta isolada com extensão de muitas milhas, o ato de vagar em um mar sem limites não são nada além de representações que despertam pavor e que podem ser usadas para o sublime na arte poética. Aqui (na solidão), entretanto, já há um fundamento objetivo para o temor, pois a ideia de uma grande solidão traz consigo também a ideia do *desamparo*.

A fantasia mostra-se ainda mais ocupada ao fazer do *secreto*, do indefinido e do *impenetrável* um objeto do terror. Aqui ela está na verdade em seu elemento, pois, uma vez que a realidade não impõe a ela nenhum limite, e uma vez que as suas operações não são limitadas a nenhum caso em particular, permanece aberto para ela o amplo reino das possibilidades. O fato de ela tender justamente para o *terrível*, e *temer mais* do que *espera* do desconhecido, decorre da natureza do impulso de conservação que a impele. O repúdio atua de modo incomparavelmente mais rápido e poderoso do que o apetite, e é por isso que supomos coisas ruins, mais do que esperamos coisas boas por trás do desconhecido.

As *trevas* são terríveis e justamente por isso propícias ao sublime: não terríveis em si mesmas, mas antes porque escondem de nós os objetos e nos abandonam assim a todo o poder da faculdade da imaginação. Tão logo o perigo se torne distinto, desaparece uma grande parte do temor. O sentido da vista, o primeiro vigia de nossa existência, recusa a nós na escuridão o seu serviço, e nos sentimos expostos sem defesa ao perigo escondido. Por isso, a superstição situa todas as aparições de espíritos no horário da meia-noite, e o reino da morte é representado como um reino da noite eterna. Nas poesias de Homero, quando a humanidade ainda falava com sua linguagem mais natural, a escuridão é apresentada[24] como um dos maiores males.

> Por tudo ali está a terra e a cidade dos homens cimérios.
> Tateando constantemente na noite e na névoa, e nunca
> Olha raiante para eles o deus do sol brilhante,
> Antes a noite terrível envolve os homens miseráveis.
> (*Odisseia*, canto XI)[25]

"Júpiter", chama o valente Ájax no escuro do massacre, "livra os gregos destas trevas. Deixa ser o dia, deixa verem os olhos, e então, se assim quiseres, deixa-me tombar na luz" (*Ilíada*, XVII 645-647).

Também o *indeterminado* é um ingrediente do terrível, e por nenhum outro motivo senão porque dá à faculdade de imaginação a liberdade de colorir a imagem como julgar apropriado. O determinado, ao contrário, leva ao conhecimento distinto e subtrai o objeto ao jogo arbitrário da fantasia, na medida em que o submete ao entendimento.

A apresentação de Homero do mundo inferior se torna mais temível justamente porque ele flutua em uma névoa, e as figuras dos espíritos em Ossian[26] não são mais do que formas esvoaçantes de nuvens às quais a fantasia fornece o contorno segundo o seu arbítrio.

Tudo o que está *velado*, tudo o que é *misterioso* contribui para o terrível e é, portanto, capaz do sublime. Desse tipo é a inscrição que se lia sobre o templo de Ísis em Sais, no Egito: "Eu sou tudo o que é, o que foi e o que será. Nenhum mortal

---

[24] Nessas passagens, Schiller emprega *darstellen*, ao contrário do que faz na maior parte do texto, de modo não técnico, como sinônimo de *vorstellen*.

[25] Schiller cita os versos 14-19.

[26] Ossian é uma das principais leituras de Werther, por exemplo, no célebre romance epistolar de Goethe de 1774. Trata-se do suposto trovador gaélico que teria vivido no século III d. C., cujos cantos foram muito lidos na Alemanha da época de Schiller. Posteriormente se comprovou que os cantos eram criações do escritor escocês James Macpherson (1736-1796).

suspendeu o meu véu".[27] Justamense isto que não se sabe, o que há de misterioso é aquilo que fornece algo de apavorante às representações do homem acerca do futuro após a morte; tais sensações estão expressas no conhecido monólogo de Hamlet de modo muito feliz (*Hamlet*, Ato III, cena 1).

A descrição que Tácito realiza para nós do solene cortejo da deusa Hertha torna-se, graças ao escuro propagado sobre tal cortejo, terrivelmente sublime. A carruagem da deusa desaparece nas entranhas da floresta, e nenhum daqueles que são usados nesse serviço misterioso regressa com vida. Com horror nos perguntamos o que poderia ser aquilo que custa àquele que o vê a vida, *quod tantum morituri vident (De Origine et situ Germanorum*, § 40).

Todas as religiões possuem os seus mistérios, que conservam um pavor sagrado, e, assim como a majestade da divindade habita por trás da cortina o sumo sagrado,[28] também a majestade dos reis costuma cercar-se de segredo, de modo a conservar o respeito de seus súditos em contínua tensão através dessa falta de visibilidade artificial.

Esses são os mais preponderantes subtipos do sublime contemplativo do poder. Uma vez que se fundam na destinação moral do homem – que é comum a todos os homens – supor uma receptividade a eles em todos os sujeitos humanos é justificado, e a sua falta não pode ser desculpada por um jogo

---

[27] Sa el-Hagar, cidade localizada na parte ocidental do Delta do Nilo, capital do quinto nomo do Baixo Egito. Schiller retira esse exemplo de Kant, que o menciona em uma nota de rodapé no § 49 da *Crítica da faculdade de julgar* (cf. KANT, 1999, p. 253).

[28] Essa passagem diz respeito à seção da obra de Tácito a que Schiller fizera referência no parágrafo anterior. Ali, o historiador romano descreve o culto a Hertha entre certos povos germânicos. Supunha-se que a deusa far-se-ia presente em uma carruagem coberta por um véu, que apenas ao sacerdote seria permitido tocar. Após constatar a presença da deusa, o sacerdote viajaria com a carruagem, sempre coberta, até que a deusa se saciasse do contato com os mortais. Retornando, então, a seu templo, a carruagem seria tragada por um lago secreto, no meio de uma floresta, juntamente com os escravos que participassem do serviço.

da natureza, como seria o caso nas meras afecções [*Rührungen*] sensíveis, mas sim imputada ao sujeito como uma imperfeição. Ocasionalmente encontra-se o sublime do conhecimento ligado ao sublime do poder, e o efeito é até maior, quando não apenas a faculdade de resistência sensível, mas também faculdade de apresentação encontra as suas limitações em um objeto, e a sensibilidade é repelida em sua dupla exigência.

## II
## O sublime patético

Quando um objeto nos é objetivamente dado não simplesmente como poder, mas também como um poder que é pernicioso para o homem – quando, portanto, ele não apenas *mostra* a sua violência, mas também a *exprime* efetivamente de modo hostil –, nessa situação a imaginação já não está mais livre para relacioná-lo ou não ao impulso de conservação, ela *tem de* fazê-lo, é objetivamente obrigada a isso. O sofrimento efetivo não permite, entretanto, nenhum juízo estético, pois suspende a liberdade do espírito.[29] Assim, aquele para quem o objetivo temível comprova o seu poder destrutivo não pode ser o sujeito que julga, i. e., não podemos sofrer *nós mesmos*, mas apenas *de modo solidário*. Mas também o sofrimento solidário é já agressivo demais para a sensibilidade se ele possui existência *fora* de nós. A dor compassiva prevalece sobre toda fruição estética. O sofrimento só pode se tornar estético e despertar um sentimento do sublime quando é mera ilusão [*Illusion*][30] ou criação poética, ou – caso tivesse ocorrido na realidade – quando é representado não de modo imediato para os sentidos, mas antes para a faculdade de imaginação. A representação

---

[29] Schiller emprega, nesse trecho, a expressão "liberdade do espírito" (*Freiheit des Geistes*) para designar aquilo a que se referira, até então, por meio da expressão "liberdade do ânimo" (*Gemütfreiheit*).

[30] Traduzimos, indistintamente, *Täuschung* e *Illusion* por "ilusão".

do sofrimento alheio, ligada ao afeto e à consciência de nossa liberdade moral interna, é *sublime de modo patético.*

A solidariedade ou o afeto compassivo (compartilhado) não é uma expressão livre do nosso ânimo que teríamos de produzir por atividade própria, mas antes uma afecção involuntária da faculdade do sentimento determinada pela lei natural. Não depende de modo algum de nossa vontade se desejamos nos comiserar do sofrimento de uma criatura. Tão logo tenhamos dele uma representação, *temos* de fazê-lo. Quem age é a *natureza*, não nossa *liberdade*, e o movimento do ânimo corre à frente da decisão.

Tão logo obtenhamos de modo objetivo a representação de um sofrimento, tem de se seguir – graças à imutável lei natural da solidariedade – um resquício desse sofrimento em nós mesmos. E, desse modo, é como se o tornássemos nosso. *Compadecemos.* Não se chama *compadecimento* apenas o entristecimento compassivo, o ser tocado pela infelicidade alheia, mas antes todo afeto triste, sem diferença, no qual sentimos tal como um outro sente. Há, portanto, tantos tipos de compadecimento quanto há tipos diversos do sofrimento original: temor compassivo, terror compassivo, medo compassivo, exasperação compassiva, desespero compassivo.

Se, no entanto, aquilo que desperta os afetos (o patético) deve fornecer um fundamento para o sublime, isso não pode ser levado até o nosso *próprio sofrimento* efetivo. Mesmo em meio ao afeto mais veemente devemos nos *diferenciar* do sujeito que, ele próprio, sofre, pois já está perdida a liberdade do espírito tão logo a ilusão se transforme completamente em verdade.

Se o compadecimento é elevado [*erhöht*][31] a tal vivacidade que nos confundimos a sério com o sofredor, então não dominamos mais o afeto, antes ele nos domina. Se, ao contrário,

---

[31] As demais ocorrências do verbo "elevar" correspondem ao verbo *erheben*, em alemão.

a solidariedade permanece dentro de seus limites estéticos, ela unifica as duas condições primordiais do sublime: a representação sensível vivaz do sofrimento ligada a um sentimento da própria segurança.

Mas esse sentimento de segurança na representação do sofrimento alheio não é de modo algum o *fundamento* do sublime, e não é absolutamente a *fonte* do deleite que criamos a partir de tal representação. O patético só será sublime por meio da consciência de nossa liberdade moral, e não de nossa liberdade física. O sofrimento *eleva* o nosso ânimo e se torna sublime *de modo patético* não porque nos vemos subtraídos a esse sofrimento graças a nossa boa habilidade (pois então teríamos ainda um péssimo fiador para nossa segurança), mas antes porque sentimos o nosso eu moral subtraído à causalidade desse sofrimento – a saber, à sua influência sobre a determinação de nossa vontade.

Não é absolutamente necessário que sintamos em nós mesmos, efetivamente, a força da alma requerida para afirmar nossa liberdade moral frente a perigos que ocorrem a sério. Não se trata aqui do que *acontece*, mas antes daquilo que *deve* e *pode* acontecer; de nossa *destinação*, e não de nosso *agir* efetivo, da força, e não de sua aplicação. Ao ver um navio cargueiro cheio de mercadorias afundar em meio a uma tempestade, podemos, com efeito, nos sentir bastante infelizes no lugar do comerciante cuja riqueza inteira é aqui tragada pela água. Mas sentimos simultaneamente também que essa perda só diz respeito a coisas contingentes, e que é um dever elevar-se acima disso. Contudo, nada que é irrealizável pode ser um dever, e aquilo que *deve* acontecer tem necessariamente de *poder* acontecer. O fato de *podermos* passar por cima de uma perda por direito tão sensível para nós enquanto seres sensíveis comprova uma faculdade, em nós, que age segundo leis completamente diferentes daquelas da faculdade sensível e que não possui nada em comum com o impulso natural. *Sublime* é tudo o que traz à consciência essa faculdade em nós.

Pode-se assim muito bem dizer que a perda destes bens será suportada de modo não menos do que descontraído, isso não atrapalha em nada o sentimento de sublime – quando sentimos que *deveríamos* passar por cima disso e que é um dever não permitir a eles exercer qualquer influência sobre a autodeterminação da razão. Quanto àquele que não chega nunca a possuir um sentido *para isso*, em seu caso está perdida toda a força estética do grande e do sublime.

Portanto, exige-se ao menos uma capacidade do ânimo de se tornar consciente de sua destinação racional, e uma receptividade para a ideia do dever, mesmo reconhecendo simultaneamente as limitações que a fraca humanidade possivelmente impõe ao seu exercício. Seria precário para o prazer, tanto no bom quanto no belo, se tivéssemos sentido apenas para aquilo que atingimos nós mesmos ou que confiamos poder atingir. Mas é um traço de caráter da humanidade digno de respeito que ela, ao menos em juízos *estéticos*, se reconheça [*bekennen*] em nome do que é bom, mesmo que tivesse de falar contra si própria, e que ela ao menos honre na sensação a ideia pura da razão, ainda que nem sempre possua força suficiente para *agir* efetivamente de acordo com ela.

Para o *sublime patético* são exigidas, assim, duas condições primordiais. *Em primeiro lugar*, uma representação vivaz do *sofrimento*, de modo a despertar o afeto compassivo com intensidade apropriada. *Em segundo lugar*, uma representação da *resistência* contra o sofrimento, de modo a chamar à consciência a liberdade interna do ânimo. Somente por meio da primeira o objeto se torna *patético*, apenas por meio da segunda se torna o patético também *sublime*.

Deste princípio seguem as duas leis fundamentais de toda arte trágica. Estas são: *em primeiro lugar*, a apresentação da natureza que sofre; *em segundo lugar*, a apresentação da autonomia moral no sofrimento.

# Sobre o sublime

Über das Erhabene

"Nenhum homem é obrigado a ser obrigado", diz o judeu Nathan ao dervixe,[32] e essas palavras têm validade num âmbito mais abrangente do que tenderíamos a supor. A vontade é o que caracteriza o ser humano, a própria razão não passa de sua regra eterna. Toda a natureza age racionalmente, a prerrogativa humana é apenas a de agir racionalmente com consciência e vontade. Todas as outras coisas são obrigadas; o homem é o ser que quer.

Por isso mesmo, nada é tão indigno para o homem quanto sofrer alguma violência, pois a violência o anula.[33] Quem a comete não faz nada menos do que contestar a nossa humanidade; quem a sofre covardemente abre mão de sua humanidade. Mas essa exigência de uma libertação absoluta de tudo o que é violência parece pressupor um ser com poder

---

[32] Citação da peça *Nathan o sábio*, de Lessing, Ato I, Cena 3 (cf. LESSING, 1998, p. 215).

[33] Dada a polissemia do verbo "*aufheben*", traduzido em outros momentos por "suspender", optou-se aqui por "anular" para tornar mais claro o sentido da frase.

suficiente para desviar de si qualquer outro poder. Caso ela, a exigência, se encontre em um ser que não ocupa a posição mais alta no reino das forças, surge assim uma infeliz contradição entre o impulso e a capacidade.

É nessa situação que se encontra o homem. Cercado de incontáveis forças, todas superiores a ele, todas capazes de dominá-lo, ele reivindica, por meio de sua natureza, não sofrer violência alguma. É verdade que ele aumenta artificialmente suas forças naturais por meio de seu entendimento, e até certo ponto realmente consegue tornar-se fisicamente senhor de tudo o que é físico. Diz o ditado: contra tudo há remédio, menos contra a morte. Mas essa única exceção, se é mesmo uma exceção em sentido rigoroso, anularia todo o conceito do ser humano. Se houver um único caso em que ele simplesmente é obrigado a algo que não quer, nunca mais poderá ser compreendido como o ser que quer. Esse terrível fato de *ser obrigado e não querer* o acompanhará como um fantasma e fará dele, como é realmente o caso para a maioria dos homens, uma presa dos terrores obscuros da fantasia; sua celebrada liberdade não é absolutamente nada, caso ele esteja preso mesmo que em um único ponto. A cultura deve pôr o homem em liberdade e auxiliá-lo a preencher por completo o seu conceito. Portanto, ela deve torná-lo capaz de afirmar sua vontade, pois o homem é o ser que quer.

Isso é possível de duas maneiras. Ou de modo *realista*, quando o homem opõe violência à violência, quando ele, como natureza, domina a natureza; ou de modo *idealista*, quando ele sai da natureza e, assim, no que lhe diz respeito, aniquila o conceito da violência. O que o auxilia no primeiro caso se chama cultura física. O homem forma seu entendimento e suas forças sensíveis a fim de fazer das forças da natureza, segundo as próprias leis desta, ferramentas de sua vontade, ou então a fim de se pôr em segurança dos efeitos dessas forças, caso não possa controlá-los. No entanto, as forças da natureza só se deixam dominar ou evitar até certo ponto; para além desse ponto fogem ao poder do homem e o submetem ao delas.

Então, o homem estaria privado de sua liberdade se não fosse capaz de nada além da cultura física. Mas ele deve ser humano sem exceção, portanto, em nenhuma hipótese sofrer algo *contra* a sua vontade. Assim, caso não possa mais opor às forças físicas nenhuma força física adequada, não lhe resta nenhuma outra alternativa para não sofrer violência alguma senão: *anular inteiramente uma relação* que lhe é tão desvantajosa, e *aniquilar no conceito* uma violência que é obrigado a sofrer na realidade. Aniquilar uma violência a partir do seu conceito não significa, porém, nada mais do que se submeter a ela voluntariamente. A cultura que dá ao homem essa habilidade se chama cultura moral.

O ser humano formado moralmente, e apenas este, é inteiramente livre. Ou ele é superior, como poder, à natureza, ou então entra em consonância com esta. Nada que ela faça com ele é violência, pois, antes que a ação chegue *a ele*, ela já se tornou *sua própria ação*, e a natureza dinâmica nunca o atinge,[34] pois ele se separa espontaneamente [*freithätig*] de tudo o que ela pode atingir. Contudo, caso deva ser uma obra da livre escolha e reflexão, essa forma dos sentidos, ensinada pela moral com o conceito de resignação na necessidade, e pela religião com o conceito de rendição ao desígnio divino, exige uma clareza de pensamento e uma energia da vontade maiores do que as que costumam ser próprias do homem em sua vida atuante. Felizmente, não se encontra apenas em sua natureza racional uma aptidão [*Anlage*] moral, possível de ser desenvolvida por meio do entendimento, mas também já está dada em sua própria natureza sensível-racional, ou seja, em sua natureza humana, uma tendência *estética*, que pode ser despertada por certos objetos sensíveis e cultivada por meio

---

[34] Schiller refere-se aqui à natureza tomada de um ponto de vista dinâmico, isto é, à natureza considerada como um poder.

de uma depuração dos seus sentimentos até alcançar essa impulsão idealista do ânimo. Tratarei agora dessa aptidão, de fato idealista segundo seu conceito e sua essência, mas que mesmo o realista manifesta de modo suficientemente claro em sua vida, embora não a admita em seu sistema.[*]

É verdade que os sentimentos da beleza, quando desenvolvidos, já são suficientes para nos tornar independentes da natureza como um poder, pelo menos até certo patamar. Um ânimo que se enobreceu a ponto de ser tocado mais pelas formas do que pela matéria das coisas e de criar, sem levar em consideração a posse, um agrado livre a partir da mera reflexão sobre o modo de aparecer traz em si mesmo uma plenitude interna de vida que não pode ser perdida. E, como ele não precisa se apropriar dos objetos entre os quais vive, também não corre perigo de que eles lhe sejam roubados. Contudo, mesmo a aparência quer, afinal, ter um corpo no qual ela se mostra, e enquanto estiver dada uma carência [*Bedürfnis*], mesmo que de bela aparência, resta ainda uma carência da *existência* de objetos, de modo que nossa satisfação depende ainda da natureza, como poder que dispõe de toda a existência. Aliás, são coisas bem diferentes sentir um anseio por objetos belos e bons ou apenas ansiar que os objetos dados sejam belos e bons. Esse último caso pode ocorrer com a mais elevada liberdade do ânimo, enquanto o primeiro caso não; podemos exigir que o existente dado seja belo e bom; que se deem o belo e o bom podemos apenas desejar. Aquela disposição de ânimo para a qual é indiferente se o belo e o bom e o perfeito existem, mas que anseia com o máximo rigor que o existente seja bom, belo e perfeito, chama-se propriamente de uma disposição grandiosa e sublime, porque ela contém todas as realidades de um belo caráter, sem partilhar de suas limitações.

---

[*] Em geral, nada pode ser chamado verdadeiramente idealista, a não ser aquilo que o perfeito realista pratica de modo realmente inconsciente e só nega por uma inconsequência.

É um sinal de almas boas e belas, mas fracas, que elas reivindiquem sempre com impaciência a existência de seus ideais morais e que sofram dolorosamente em função dos impedimentos dessa existência. Tais homens colocam-se em uma triste dependência do acaso, e sempre se pode prever com segurança que eles darão importância demais à matéria, nas coisas morais e estéticas, e que não passarão na prova mais elevada do caráter e do gosto. Aquele que falta com a moral não deve instilar em nós *sofrimento* e dor, o que sempre demonstra muito mais uma carência que não foi satisfeita do que uma exigência não cumprida. Esta precisará da companhia de um afeto mais robusto, capaz de fortalecer o ânimo e estabilizá-lo em sua força, em vez de torná-lo desanimado e infeliz.

São dois os gênios que a natureza nos concedeu como acompanhantes pela vida. Um deles, sociável e encantador, encurta nossa viagem extenuante com seu jogo animado, torna leves os grilhões da necessidade e nos conduz, entre alegrias e brincadeiras, até os lugares perigosos em que temos de agir como puros espíritos, deixando para trás tudo o que é corpóreo, até o conhecimento da verdade e até o exercício do dever. Aqui ele nos abandona, pois apenas o mundo sensível é sua região; para além deste, suas asas terrenas não podem carregá-lo.[35] Mas agora entra em cena o outro, sério e calado, e com braço forte nos transporta por sobre a profundidade vertiginosa.

No primeiro desses gênios se reconhece o sentimento do belo, no segundo, o sentimento do sublime. É verdade que o belo já constitui uma expressão da liberdade; mas não daquela que nos eleva acima do poder da natureza e nos dispensa de toda influência corpórea, e sim da liberdade de que gozamos como homens dentro da natureza. Sentimo-nos livres frente à beleza porque os impulsos sensíveis se harmonizam com a lei da razão; sentimo-nos livres frente ao sublime porque

---

[35] Imagem que remete ao *Fedro*, de Platão (cf. *Fedro* 246a - 247d).

os impulsos sensíveis não possuem qualquer influência na legislação da razão, porque o espírito age aqui como se não estivesse sob quaisquer leis que não as suas próprias.

O sentimento do sublime é um sentimento misto. Ele consiste numa junção de um *estado de dor*, que se exprime no seu grau máximo como um horror, com um *estado de alegria*, que pode se intensificar até o encantamento e que, embora não seja propriamente um prazer, é preferido por almas refinadas a todo prazer. Essa ligação de duas sensações contraditórias num único sentimento comprova nossa autonomia moral de maneira irrefutável. Pois, como é absolutamente impossível que o mesmo objeto esteja em duas relações opostas conosco, resulta que *nós mesmos* estamos em duas relações diferentes com o objeto; logo, duas naturezas opostas têm de estar reunidas em nós, e elas se interessam de modos inteiramente opostos pela representação do objeto. Assim, experimentamos por meio do sentimento do sublime o fato de que o estado de nosso espírito não se orienta necessariamente pelo estado dos sentidos, que as leis da natureza não são necessariamente também as nossas, e que possuímos em nós um princípio [*Prinzipium*][36] autônomo, independente de quaisquer comoções sensíveis.

O objeto sublime é de dois tipos. Ou nós o relacionamos com nossa faculdade de apreensão e sucumbimos na tentativa de formar uma imagem ou um conceito dele; ou então o relacionamos com a nossa faculdade vital, considerando-o como um poder contra o qual o nosso se reduz a nada. Contudo, embora tanto num caso quanto no outro o objeto nos dê o sentimento penoso de nossos limites, não fugimos dele, mas somos, pelo contrário, atraídos com uma violência irresistível. Seria isso possível se os limites da nossa fantasia fossem ao mesmo tempo os limites da nossa faculdade de apreensão? Será que gostaríamos de ser lembrados da onipotência

---

[36] Traduzimos, indistintamente, *Grundsatz* e *Prinzipium* por "princípio".

das forças da natureza caso não tivéssemos uma reserva de algo além daquilo que elas nos podem roubar? Nós nos regozijamos com o sensível-infinito, pois podemos pensar o que os sentidos não apreendem e o que o entendimento não concebe. Ficamos entusiasmados com o que é temível, porque podemos querer o que os impulsos repudiam e rejeitar o que a eles apetece. De bom grado deixamos a imaginação [*Imagination*][37] ser conduzida no reino dos fenômenos, afinal, trata-se apenas de uma força sensível que triunfa sobre outra força sensível, mas o que há de absolutamente grande em nós, a natureza, em toda a sua falta de limites, não pode alcançar. De bom grado submetemos o nosso bem-estar e a nossa existência à necessidade física, pois isso nos recorda justamente que ela não pode dispor de nossos princípios. O ser humano está nas mãos dela, mas a vontade humana está em suas próprias mãos.

Assim, a natureza aplicou até mesmo um meio sensível para nos ensinar que somos mais do que seres meramente sensíveis; ela própria soube utilizar sensações para nos conduzir ao rumo da descoberta de que não estamos submetidos como escravos à violência das sensações. E esse é um efeito totalmente diferente daquele que pode ser conseguido por meio do belo; isto é, pelo belo da realidade, pois no belo ideal o sublime também tem de se perder. No caso do belo, a razão e a sensibilidade se harmonizam, de modo que apenas em função dessa harmonia ele tem seu atrativo para nós. Portanto, apenas por meio da beleza nunca experimentaríamos que estamos destinados a nos mostrar como puras inteligências, e que somos capazes disso. No caso do sublime, em contrapartida, a razão e a sensibilidade *não* se harmonizam, e justamente nessa contradição entre as duas reside a magia com que ele toma nosso ânimo. Aqui, o homem físico e o moral são separados um do outro do modo mais contundente, pois é exatamente no caso dos objetos nos

---

[37] Traduzimos, indistintamente, *Einbildung* e *Imagination* por "imaginação".

quais o primeiro sente apenas suas limitações que o outro faz a experiência de sua *força*, sendo elevado infinitamente por aquilo mesmo que pressiona o outro contra o solo.

Um homem, assim supomos, deve possuir todas as virtudes cuja unificação constitui o *belo caráter*. Ele deve encontrar seu contentamento no exercício da justiça, da caridade, da moderação, da constância e da fidelidade; todos os deveres cuja obediência as circunstâncias lhe impõem devem se tornar para ele jogos leves, e a sorte não deve tornar pesada nenhuma ação para a qual seu coração benfazejo possa intimá-lo. Quem não se encantará com essa bela assonância dos impulsos naturais com as prescrições da razão, e quem poderá abrir mão de amar um homem assim? No entanto, será que podemos mesmo nos manter seguros, com toda a inclinação que temos por ele, de que se trata efetivamente de um homem virtuoso, de que existe ali de fato uma virtude? Se esse homem só tivesse diante dele sensações agradáveis, então simplesmente não poderia agir de outra maneira sem se tornar um tolo, e teria de odiar sua própria vantagem se quisesse ser depravado. Talvez a fonte de suas ações seja pura, mas isso é algo que diz respeito ao seu próprio coração; *nós* não vemos nada disso. Não o vemos fazer nada mais do que aquilo que teria de fazer o homem apenas esperto que faz do deleite seu Deus. Nesse caso, o mundo dos sentidos esclarece por completo o fenômeno de sua virtude, de modo que não nos é necessário procurar por um motivo para além desse domínio.

Suponhamos, porém, que esse mesmo homem caia repentinamente em grande infelicidade. Que roubem seus bens, que seu bom nome seja jogado por terra. Que doenças o lancem em um leito cheio de dor, que a morte lhe arranque todos os que ele ama, que todos em quem confia o abandonem no momento de necessidade.[38] Nesse estado, voltemos a

---

[38] Uma referência para esse exemplo é *O livro de Jó*, do Antigo Testamento.

procurá-lo, exigindo do infeliz o exercício das mesmas virtudes para as quais o feliz antes se encontrava tão pronto. Se o encontramos, então, como era antes, caso a pobreza não diminua sua caridade, a ingratidão, sua prestimosidade, a dor, sua serenidade, se sua própria infelicidade não diminuir sua participação na felicidade alheia; caso a transformação da situação seja percebida na sua figura, mas não na sua conduta, na matéria, mas não na sua forma de agir – com tudo isso, não seria suficiente uma explicação a partir do *conceito da natureza* (segundo o qual é absolutamente necessário que algo no presente, como efeito, se funde em algo no passado, sua causa). Pois nada pode ser mais contraditório do que o fato de o efeito permanecer o mesmo quando a causa se transformou no oposto do que era antes. Somos obrigados, assim, a renunciar a qualquer explicação natural, a desistir por completo de referir a conduta ao estado e a transpor o motivo dessa conduta para fora do ordenamento físico do mundo, para um outro ordenamento, que a razão pode sobrevoar com suas ideias, mas o entendimento não pode apreender com seus conceitos. Essa descoberta da faculdade moral absoluta, que não está ligada a nenhuma condição natural, dá ao sentimento melancólico pelo qual somos tomados ao nos depararmos com um homem assim o atrativo único e indizível que nenhum prazer dos sentidos, por mais enobrecido que seja, pode disputar com o sublime.

O sublime cria para nós, portanto, uma saída do mundo sensível, no qual o belo gostaria de nos manter sempre presos. Não gradativamente (pois não há nenhuma transição da dependência para a liberdade), mas de modo súbito e por meio de um abalo, ele arranca o espírito autônomo da rede com que a sensibilidade refinada o envolvia e que, quanto mais transparente for fiada, maior a firmeza com que prende. Se a sensibilidade foi capaz de se impor de tal modo sobre o homem, por meio da influência imperceptível de um gosto delicado demais, se ela conseguiu penetrar, com a cobertura sedutora do belo espiritual, na sede mais íntima da legislação moral, envenenando em sua fonte a sacralidade das máximas, muitas vezes basta uma única emoção sublime para rasgar essa teia do engano, para devolver de uma vez ao espírito acorrentado toda sua elasticidade, para oferecer a ele uma revelação sobre sua verdadeira destinação e tornar necessário, pelo menos naquele momento, o sentimento de sua dignidade. A beleza, sob a forma da deusa Calipso, enfeitiçou o intrépido filho de Ulisses,[39] mantendo-o prisioneiro em sua ilha durante muito tempo por meio do poder de seus atrativos. Ele acredita homenagear uma divindade imortal, quando está apenas nos braços da volúpia – mas uma impressão sublime o toma subitamente, sob a forma de Mentor, ele recorda de sua melhor destinação, lança-se nas ondas e está livre.

O sublime, como o belo, foi partilhado por toda a natureza com profusão, e a capacidade de senti-los se encontra em todos os seres humanos; mas a semente dessa capacidade se desenvolve de modo desigual e precisa ser auxiliada pela arte. A própria finalidade da natureza já implica que acorramos primeiro à beleza, enquanto ainda fugimos do sublime; pois a beleza é nossa guardiã na infância e deve nos conduzir do estado natural bruto ao refinamento. No entanto, embora ela seja o nosso primeiro amor e a nossa capacidade de sentir voltada para ela se desdobre primeiro, a natureza também cuidou para que ela amadureça mais devagar, aguardando a formação do entendimento e do coração para chegar ao seu pleno desenvolvimento. Se o gosto ficasse completamente maduro antes que a verdade e a eticidade fossem cultivadas, por uma via melhor do que pode se dar por meio dele, em nosso coração, então o mundo dos sentidos permaneceria sempre como o limite de nossos esforços. Não o ultrapassaríamos nem em nossos

---

[39] O autor menciona um episódio de *Les aventures de Télémaque* (1698), do teólogo e escritor francês Francóis Fénelon (1651-1715).

conceitos nem em nossos modos de pensar, de maneira que não teria nenhuma realidade para nós aquilo que a faculdade da imaginação não pudesse apresentar. Felizmente, porém, faz parte da constituição da natureza o fato de que o gosto, embora floresça primeiro, seja a última entre as capacidades do ânimo a alcançar sua maturidade. Nesse meio tempo, ganha-se prazo suficiente para o cultivo de uma riqueza de conceitos na cabeça e de um tesouro de princípios no peito, e em especial para que se desenvolva a partir da razão a capacidade de sentir voltada para o grande e o sublime.

Enquanto o homem era um mero escravo da necessidade física e não tinha achado nenhuma saída do círculo estreito das carências, sem pressentir em seu peito ainda a elevada liberdade *demoníaca*,[40] a natureza *inapreensível* só podia lembrá-lo das limitações de sua faculdade de representação, e a natureza avassaladora, de sua impotência física. Assim, ele era obrigado a passar pela primeira com desânimo e a se desviar da outra com aversão. Contudo, logo que a contemplação livre abriu espaço nele contra a cega afluência das forças da natureza, logo que ele descobriu nessa enchente de fenômenos algo de permanente em seu próprio ser, as matérias naturais selvagens que o cercavam começaram a falar uma outra língua para seu coração. A grandeza relativa fora dele é o espelho em que ele avista o absolutamente grande dentro de si. Sem temor, com um prazer horripilante, ele se aproxima agora dessas imagens terríveis de sua faculdade da imaginação, mobilizando intencionalmente toda a força dessa faculdade para apresentar o sensível-infinito. Desse modo, mesmo que ele sucumba nessa

---

[40] "Demoníaco", aqui, tem o sentido de "espiritual", daquilo que não está submetido à necessidade física. Nas Conversações com Eckermann, Goethe explica assim a compreensão do termo: "O demoníaco é aquilo que não pode ser resolvido por meio do entendimento e da razão. Não está em minha natureza, mas estou submetido a ele" (02/03/1831). (Cf. SCHILLER, 1992, p. 1384, nota.)

tentativa, sentirá com mais vivacidade a superioridade de suas ideias em relação ao máximo que a sensibilidade pode atingir. A visão de distâncias ilimitadas e alturas fora do alcance da vista, o vasto oceano a seus pés e o oceano maior ainda sobre ele arrancam seu espírito da esfera estreita do real e da prisão opressora da vida física. Uma medida mais alta de avaliação lhe é concedida pela simples majestade da natureza. Cercado por suas formas grandiosas, ele não suporta mais aquilo que é pequeno em seu modo de pensar. Quem sabe quantos pensamentos luminosos e quantas decisões heroicas, que nenhum quarto de estudos e nenhum salão de sociedade poderiam trazer ao mundo, nasceram da corajosa luta do ânimo com o grande espírito da natureza durante uma caminhada. Quem sabe se não se deve, em parte, à raridade do convívio raro com esse grande gênio o fato de o caráter dos moradores da cidade se voltar tantas vezes para mesquinharias, definhando e murchando, enquanto o sentido dos nômades permanece aberto e livre, como o firmamento sob o qual ele se encontra.

Mas não é apenas o inatingível para a faculdade da imaginação, o sublime da quantidade, que pode servir para uma apresentação do suprassensível e impulsionar ânimo, também o inapreensível para o entendimento, a *confusão* pode, à medida que ela vai em direção ao grande e se revela como obra da natureza (pois de outro modo é desprezível). Quem não preferirá se demorar na desordem espirituosa de uma paisagem natural a percorrer a regularidade sem espírito de um jardim francês? Quem não preferirá reverenciar a maravilhosa luta entre fecundidade e destruição nos campos sicilianos, ou dirigir seu olhar às cataratas selvagens e aos montes enevoados da Escócia, à grande natureza de Ossian,[41] em lugar de admirar a vitória amarga da paciência, na retilínea Holanda, sobre o mais

---

[41] Exemplo semelhante aparece também na *Crítica da faculdade do juízo*, § 28. Sobre Ossian, ver nota 26 em "Do sublime", p. 46.

obstinado dos elementos? Ninguém negará que o homem físico está mais bem cuidado nos prados da Batávia[42] do que na traiçoeira cratera do Vesúvio, e que o entendimento, que deseja conceber e ordenar, adapta-se muito melhor a uma plantação cultivada com regularidade do que a uma paisagem natural selvagem. Mas o ser humano tem não só outra carência além de viver e de ficar bem, como também outra destinação além de conceber os fenômenos que o cercam.

O que torna a bizarria selvagem na criação física tão atraente para o viajante sensível é exatamente o que, mesmo na arriscada anarquia do mundo moral, abre para um ânimo capaz de se entusiasmar uma fonte de um deleite muito singular. Certamente, quem ilumina a grande habitação da natureza com a precária tocha do *entendimento*, sempre pretendendo dissolver em harmonia a sua audaciosa desordem, não pode sentir-se bem em um mundo no qual o colérico acaso parece governar, muito mais do que um plano sábio, de modo que, na grande maioria das vezes, o mérito e a felicidade encontram-se em contradição. Ele desejaria que, no grande curso dos aconteci-mentos, tudo estivesse ordenado como em uma boa economia, e quando sentir falta dessa conformidade a leis, como não poderá deixar de ocorrer, nada lhe restará além de esperar que venha de uma existência futura e de uma outra natureza a satisfação que a existência presente e a passada ficaram devendo. Em contrapartida, caso renuncie, de boa vontade, à pretensão de organizar esse caos sem lei de fenômenos segundo uma unidade do conhecimento, ele ganha abundantemente, de outro lado, aquilo que perdeu neste. Justamente a total falta de ligação final em meio a esse amontoado de fenômenos, característica que os torna excessivos e inutilizáveis para o entendimento, que precisa ater-se à forma da ligação, faz deles um símbolo mais adequado para a razão pura, que encontra apresentada exatamente nessa

---

[42] Batávia é o nome latino para Holanda.

selvagem dissociação da natureza sua própria independência das condições naturais. Pois, quando se retira de uma série de coisas toda ligação, obtém-se assim o conceito de independência, que se harmoniza surpreendentemente com o puro conceito racional da liberdade. Sob essa ideia de liberdade, que obtém por seus próprios recursos, a razão resume em uma unidade de pensamento aquilo que o entendimento não pode ligar em nenhuma unidade de conhecimento, submete por meio dessa ideia o jogo infinito dos fenômenos e afirma, assim, ao mesmo tempo, seu poder sobre o entendimento como faculdade condicionada sensivelmente. Se lembramos que valor precisa ter para um ser racional tornar-se consciente de sua independência das leis naturais, compreendemos como é possível que homens de disposição de ânimo sublime possam se considerar compensados, por meio dessa ideia de liberdade oferecida a eles, de todos os reveses do conhecimento. A liberdade, com todas as suas contradições morais e seus males físicos, é um espetáculo infinitamente mais interessante, para ânimos nobres, do que o bem-estar e a ordem sem liberdade, quando as ovelhas seguem pacientemente o pastor, e a vontade autodominante se rebaixa a uma peça servil no mecanismo de um relógio. Essas coisas fazem do homem um mero produto espirituoso e um habitante afortunado da natureza, enquanto a liberdade faz dele um habitante e um codominante de um sistema mais elevado, no qual é infinitamente mais honroso ocupar o último lugar do que liderar as fileiras do ordenamento físico.

Considerada sob esse ponto de vista, e *apenas* sob ele, a História Universal me parece um objeto sublime.[43] O mundo, como objeto histórico, no fundo, não passa do conflito

---

[43] É importante lembrar que Schiller era também historiador. Ele não só publicou estudos históricos importantes, como *História da Guerra dos Trinta Anos*, terminado em 1793, mas também se baseou em fatos históricos para compor suas peças teatrais, como *Maria Stuart* e *Guilherme Tell*.

das forças naturais entre si mesmas e com a liberdade do ser humano, e o sucesso dessa luta é o que a História nos relata. Até o ponto que foi alcançado atualmente pela História, os feitos que ela tem a contar relativos à natureza (entre os quais têm de ser contados todos os afetos humanos) são muito mais grandiosos do que aqueles realizados pela razão autônoma, e esta só foi capaz de afirmar seu poder por meio de exceções singulares da lei natural em um Catão, um Aristides, um Fócion, e homens semelhantes.[44] Quando nos aproximamos da História com grandes esperanças de luz e conhecimento, como nos vemos enganados! Todas as bem-intencionadas tentativas da filosofia de pôr em acordo aquilo que o mundo moral *exige* com aquilo que o mundo moral realmente *produz* são refutadas pelo testemunho das experiências. Desse modo, por mais que a natureza se oriente ou pareça se orientar obedientemente, em seu *reino orgânico*, pelos princípios regulativos do ajuizamento, no reino da liberdade ela arrebenta, indomável, as rédeas com que o espírito da especulação gostaria de conduzi-la como prisioneira.

É totalmente diferente quando abdicamos de *explicá-la*, fazendo da sua própria inconceptibilidade um ponto de vista para o ajuizamento. Exatamente a situação de a natureza, tomada em conjunto, zombar de todas as regras que lhe prescrevemos por meio de nosso entendimento; de ela pisotear com a mesma desatenção, em seu andar livre e independente, as criações da sabedoria e do acaso; de ela arrastar consigo em uma mesma derrocada tanto o importante quanto o

---

[44] O senador romano Marcus Porcius Cato Uticensis, ou Catão, o Jovem (95–46 a.C.), seguidor da filosofia estoica, era conhecido por sua tenacidade e sua integridade na prática política. O estadista ateniense Aristides (ap. 550–467 a.C.), chamado de O Justo, foi mandado para o exílio sem ser culpado. Fócion (402–318 a. C.), o ateniense, considerado um modelo de todas as virtudes, foi eleito general 45 vezes. As histórias dos três são contadas por Plutarco em suas *Vidas paralelas*.

insignificante, tanto o nobre quanto o ordinário; de ela aqui conservar um mundo de formigas e acolá apanhar e esmagar com seus braços gigantes a sua criatura mais esplêndida, o homem; de ela muitas vezes desperdiçar suas mais trabalhosas aquisições em uma hora fútil e construir por séculos uma obra do desvario — em resumo: esse distanciamento da natureza, em grande escala, com relação às regras do conhecimento, às quais ela se submete em seus fenômenos particulares, torna visível a absoluta impossibilidade de explicar a *própria natureza* pelas *leis naturais*. É impossível fazer valer *a partir do* seu reino o que vale *no* seu reino, de modo que o ânimo é levado irresistivelmente do mundo dos fenômenos para o mundo das ideias, do condicionado para o incondicionado.

Ainda muito mais longe do que a natureza sensível infinita, nos conduz, enquanto permanecermos apenas como seus espectadores livres, a natureza temível e destruidora. Sem dúvida, o homem sensível e a sensibilidade no homem racional não têm nenhum temor maior do que desmoronar frente a esse poder que dispõe de seu bem-estar e de sua existência.

O ideal mais elevado pelo qual lutamos é o de permanecer em boas relações com o mundo físico, como o guardião de nossa ventura, sem ter a necessidade de, para isso, romper com o mundo moral, que determina nossa dignidade. Só que, como se sabe, nem sempre é possível servir aos dois senhores; e mesmo que o dever nunca entrasse em luta com a carência (caso quase impossível), mesmo assim a necessidade natural não firma nenhum contrato com o homem, e nem a sua força nem a sua habilidade podem assegurá-lo contra a malícia da fatalidade. Sorte dele, portanto, se aprendeu a suportar o que não pode mudar e a abandonar com dignidade o que não pode salvar! Podem ocorrer casos em que o destino supere todas as muralhas nas quais ele fundou sua segurança, e nada mais lhe reste senão refugiar-se na sagrada liberdade dos espíritos — quando não há outro meio de tranquilizar o impulso vital a não ser querê-lo e nenhum outro meio de resistir ao poder da natureza a não ser correr à sua frente, descorporificando-se moralmente, por meio de uma livre suspensão de todo interesse sensível, antes que um poder físico o faça.

Para isso o fortalecem emoções sublimes e um convívio mais constante com a natureza destruidora, tanto nos casos em que ela só lhe mostra seu poder pernicioso de longe quanto naqueles em que ela efetivamente o exprime contra os outros homens. O patético é uma infelicidade artificial que nos põe, assim como o infortúnio verdadeiro, em uma *relação imediata* com a lei espiritual que reina em nosso peito. Contudo, o infortúnio verdadeiro nem sempre escolhe bem seu homem e seu tempo; com frequência ele nos surpreende indefesos, ou então, o que é ainda pior, ele nos *torna indefesos*. Em contrapartida, o infortúnio artificial do patético nos encontra totalmente equipados e, por ser apenas imaginado, ele permite que o princípio autônomo em nosso ânimo ganhe espaço para afirmar sua absoluta independência. Quanto maior a frequência com que o espírito renova esse ato de autonomia, maior a sua preparação para fazê-lo e mais ganha vantagem sobre o impulso sensível, de modo que ele, afinal, caso o infortúnio artificial e imaginado dê lugar a um infortúnio sério, estará em condições de lidar com ele como se fosse artificial e – supremo arroubo da natureza humana! – dissolver o sofrimento real em uma emoção sublime. O patético, pode-se dizer então, é uma inoculação do destino inevitável, pela qual sua malignidade é retirada, e seu ataque é dirigido ao lado forte do ser humano.

Portanto, fora com o cuidado falsamente compreensivo e com o gosto adormecido e mimado que lança um véu sobre a face séria da necessidade e, para conseguir o favor dos sentidos, *finge* uma harmonia entre o bem-estar e o bom comportamento, da qual não aparece qualquer indício no mundo real! Que se mostre para nós, face a face, a perversa fatalidade. Não na ignorância dos perigos que nos cercam – pois ela terá de acabar em algum momento –, apenas na *familiaridade* com eles se encontra a cura para nós. Para essa familiaridade, nos auxilia o temível e maravilhoso espetáculo da transformação que destrói tudo e recria tudo, e de novo destrói tudo – da catástrofe ora abalando lentamente, ora desabando depressa. Contribuem para ela as cenas patéticas da humanidade em luta com o destino, da fuga irrefreável da felicidade, da segurança enganada, da injustiça triunfante e da inocência que sucumbe, cenas que a História expõe em abundância e que a arte trágica, imitando, põe diante dos nossos olhos. Pois onde se encontraria alguém que, tendo uma aptidão moral não de todo desleixada, pode ler sobre a luta obstinada e no entanto vã de Mitrídates,[45] sobre a derrocada das cidades de Siracusa e Cartago,[46] e demorar-se nessas cenas sem venerar com um arrepio a grave lei da necessidade, sem puxar as rédeas de seus apetites por um instante, e sem, tomado por essa eterna infidelidade do mundo sensível, aferrar-se ao que há de permanente em seu peito? A capacidade de sentir o sublime é, assim, uma das mais esplêndidas aptidões da natureza humana, que merece tanto a nossa *atenção*, por sua origem na faculdade autônoma do pensamento e da vontade, quanto o mais perfeito desenvolvimento, por sua influência sobre o homem moral. O belo tem seu mérito apenas no que diz respeito ao homem, o sublime, no que diz respeito ao *puro demônio* que o habita.[47] Como é nossa destinação, mesmo com todas as limitações sensíveis, que nos orientemos pelo guia dos espíritos

---

[45] Trata-se de Mitrídates VI, rei do Ponto de 120 a 63 a. C., um dos mais célebres inimigos dos romanos, que se suicidou após a derrota para Pompeu na chamada Terceira Guerra Mitridática.

[46] A cidade grega Siracusa foi conquistada pelos romanos em 212 a. C.; Cartago foi destruída pelos romanos após as três Guerras Púnicas (264-146 a. C.).

[47] Cf. nota 40, na página 65, sobre o termo "demoníaco".

puros, o sublime tem de ser acrescentado ao belo para fazer da *educação estética* um todo perfeito, ampliando a capacidade de sentir do coração humano segundo a amplitude completa de nossa destinação, e para além do mundo sensível.

Sem o belo, existiria uma luta ininterrupta entre a nossa destinação natural e a nossa destinação racional. No esforço de satisfazer a nossa missão espiritual, descuidaríamos da nossa *humanidade*; preparados a todo momento para sair do mundo dos sentidos, permaneceríamos sempre estranhos a essa esfera da ação que nos é reservada. Sem o sublime, a beleza nos faria esquecer a nossa dignidade. Na sonolência de uma fruição ininterrupta, prejudicaríamos a robustez do *caráter*; aprisionados irremediavelmente a essa *forma casual da existência*, perderíamos de vista a nossa destinação inalterável e a nossa verdadeira pátria. Apenas quando o sublime se conjuga ao belo, e quando formamos a nossa receptividade para ambos na mesma medida, somos cidadãos perfeitos da natureza, sem com isso nos tornarmos seus escravos e sem abrir mão de nossa cidadania no mundo inteligível.

Ora, de fato a natureza já apresenta, por si só, objetos em quantidade nos quais a capacidade de sentir o belo e o sublime poderia ser exercitada; contudo, o homem é aqui, como em outros casos, mais bem servido de segunda mão do que de primeira. Ele prefere receber uma matéria preparada e selecionada pela arte a criá-la cansativamente, com escassez, da fonte impura da natureza. O impulso imagético imitativo, que não pode sofrer nenhuma *impressão* sem buscar de imediato uma *expressão* viva, que avista em cada forma natural bela ou grandiosa uma solicitação para competir com ela, tem diante da natureza a imensa vantagem de poder tratar como finalidade principal, e como um todo próprio, daquilo que a natureza – quando não o joga fora sem propósito – apanha apenas de passagem na perseguição de uma finalidade mais próxima. A natureza *sofre violência* em suas belas imagens orgânicas, seja pela falta de individualidade da matéria, seja pela atuação de forças heterogêneas; *exerce violência* em suas cenas grandiosas e patéticas, atuando como um poder sobre o homem, uma vez que só pode tornar-se estética como objeto da contemplação livre. Já a sua imitadora, a arte imagética, é inteiramente livre, porque ela dissocia de seu objeto todas as limitações casuais e deixa também o ânimo do observador livre, porque imita apenas a *aparência*, e não a *realidade*. Como, porém, toda a magia do sublime e do belo se encontra na aparência, e não no conteúdo, a arte possui todas as vantagens da natureza, sem partilhar seus grilhões.

Posfácio
# Schiller e a atualidade do sublime

*Pedro Süssekind**

## O "renascimento"
## na Estética contemporânea

Nas últimas décadas, a quantidade de publicações especificamente dedicadas ao debate sobre o sublime demonstra o interesse que esse tema tem despertado, tanto nos críticos de arte e teóricos da literatura quanto nos artistas, filósofos e historiadores da cultura. Entre essas publicações, destacam-se, por exemplo, dois livros franceses com o mesmo título: *Du sublime*. O primeiro, de 1987, reúne textos de Lyotard, Nancy, Lacoue-Labarthe, entre outros, provenientes da revista *Po&sie*; o segundo, de Pierre Hartmann, publicado dez anos depois,

---

* Professor-adjunto do Departamento de Filosofia da UFF e bolsista de Produtividade em Pesquisa do CNPq, é mestre em Filosofia pela PUC-RJ, doutor pela UFRJ e fez pesquisa de doutorado no Departamento de Literatura Comparada da Freie Universität, em Berlim. Foi responsável pela tradução de diversas obras alemãs de filosofia, literatura e teoria literária, entre elas Goethe, Nietzsche, Rilke, Schopenhaeur, além de *best-sellers* como *O Leitor*, de Bernhard Schlink, adaptado para o cinema. É autor do livro *Shakespeare, o gênio original* e organizador da coletânea de ensaios *O cômico e o trágico*.

consiste num estudo abrangente que pretende justamente esclarecer, a partir de sua origem, aquela noção que nos últimos anos despertara a atenção de diversos autores, especialmente na França. A respeito dessa atenção eram já mencionados, no livro de 1987, não só textos teóricos sobre o tema – como os de Derrida, Deleuze e Lyotard –, mas também a exposição The Sublime, realizada nos EUA por Michael Kelley em 1984; e essas referências são a base para o diagnóstico que dá início ao ensaio "L'Offrande sublime" de Jean-Luc Nancy: "o sublime está na moda" (NANCY *et al.*, 1987, p. 43).

Ao comentar, em *Schiller e a tradição do sublime*, de 2004, o "renascimento" desse conceito a partir dos anos 80 do século XX, primeiro na França e depois na Alemanha, Paul Barone faz referência à série de escritos de Lyotard. O interesse recente pelo tema estaria atrelado inicialmente à possibilidade de utilização do conceito do sublime como uma chave para compreender a arte de vanguarda, nos moldes da proposta de Lyotard, que afirma explicitamente: "Penso que é na estética do sublime que a arte moderna (incluindo a literatura) encontra sua fonte, e a lógica das vanguardas, seus axiomas" (BARONE, 2004, p. 11; cf. LYOTARD, 1986).

Se é possível pensar num "renascimento", é importante enfatizar também um deslocamento em relação à teoria moderna, que tem Burke e Kant como referências, pois o conceito de sublime, antes vinculado ao sentimento de prazer diante de fenômenos *da natureza*, aparece agora associado diretamente a *manifestações artísticas*, especialmente aos rumos da arte moderna e contemporânea que evidenciam uma crise do belo artístico como ideal. Alguns comentadores estabelecem como referência para essa associação direta o desenvolvimento, com Lyotard, de uma teoria pós-moderna do sublime, mas a reflexão sobre o assunto relacionada com a arte contemporânea evidentemente tem desenvolvimentos anteriores a esse. Encontra-se uma discussão sobre essa relação entre sublime e arte atual, por exemplo, na *Teoria Estética* de Adorno, uma obra publicada postumamente em 1972. O filósofo de Frankfurt identificava, justamente, um caráter problemático no transplante do sublime para a arte, ligado a uma espécie de vacuidade ou a uma disfunção da própria criação artística contemporânea (ADORNO, 1996, p. 293-196). Talvez esse diagnóstico sobre o caráter problemático da transposição, ou mesmo sobre a impossibilidade do sublime na arte contemporânea, evidencie os motivos da falta de interesse pelo tema durante três quartos do século XX, até o momento de retomada desse conceito na década de 1980.

No entanto, é possível indicar um denominador comum entre a discussão proposta por Adorno e os estudos mais recentes no contexto da filosofia francesa: a teoria kantiana é sempre adotada como referência da transposição do sublime da natureza para o sublime na arte atual. E um autor que pode ser considerado como precursor dessa proposta de transposição é Friedrich Schiller, que já no final do século XVIII desenvolveu uma teoria do sublime na qual procurava, a partir das análises de Kant, fundamentar a possibilidade de uma experiência estética mais intensa desse sentimento *na arte*, e não na natureza.

Nos estudos acadêmicos que têm a intenção de investigar o percurso histórico e a construção da teoria moderna sobre o sublime, Schiller é avaliado como um ponto culminante no desenvolvimento do tema, em função de alguns avanços decisivos em relação às concepções de Kant e de seus precursores ingleses. Assim, em seu estudo *Du sublime*, Hartmann esclarece o escopo de sua investigação sobre o tema com o subtítulo "De Boileau a Schiller", exatamente o mesmo escopo estudado pela tese alemã *Schiller e a tradição do sublime*, de Paul Barone. Por outro lado, quando se considera o desdobramento contemporâneo da discussão sobre o tema, em Adorno e Lyotard, por exemplo, justamente porque aqueles avanços da teoria schilleriana estavam ligados não só a uma transposição do sublime da natureza para a arte, mas também à aproximação entre sublime e trágico, Schiller pode ser avaliado também como ponto de partida, ou como primeira proposta do tipo de reflexão que enxerga na noção kantiana e burkiana de sublime uma chave para compreender a criação artística "atual", de sua época.

## O sublime na Estética moderna

A tradição moderna de debate acerca do sublime tem um marco inicial preciso: ela começou com a tradução feita por Boileau, um dos mais importantes teóricos da arte no século XVII, de um tratado antigo, pouco conhecido, na época atribuído a Cássio Longino, um retórico romano do século III d.C. Publicado em 1674, o *Tratado do sublime ou do maravilhoso no discurso* tornou-se, após algumas décadas, um dos principais textos que compunham a chamada Poética Clássica, sendo publicado muitas vezes ao lado das poéticas de Aristóteles e de Horácio.

O que o autor romano chama de sublime é, em primeiro lugar, "o ponto mais alto e a excelência do discurso" (LONGINO, 2005, III, p. 71). O adjetivo "sublime" caracteriza, portanto, certas passagens de Homero, Demóstenes ou Platão capazes de arrebatar, persuadir e agradar com uma força irresistível os ouvintes, por serem grandiosas não só pela matéria para reflexão, como também pela marca indelével que deixam na lembrança. Destacam-se três aspectos nessa teoria: o estilo, o efeito sobre o ouvinte e o conteúdo propriamente dito das passagens poéticas em questão.

Quanto ao primeiro aspecto, o tratado contém reflexões importantes sobre o talento ou a genialidade do artista, ligadas a uma investigação acerca da existência ou não de uma arte do sublime, isto é, acerca de procedimentos que possam ser ensinados para a produção da grandiosidade no discurso. Segundo alguns, diz o autor, "a genialidade é inata, não se adquire pelo ensino; a única arte a produzi-la é o dom natural" (LONGINO, 2005, II, p. 72). Concordando com essa afirmação, ele considera os escritores capazes de produzir passagens sublimes, "embora muito longe de impecáveis", elevados acima da condição dos mortais, "quase à magnitude divina" (XXXVI, p. 105). No entanto, o "estilo sublime" tem uma parcela importante de técnica discursiva ou retórica, estudada segundo a divisão de cinco fontes que o produziriam: (1ª) capacidade de se elevar a pensamentos grandiosos; (2ª) emoção veemente e inspirada; (3ª) determinada moldagem das figuras, do pensamento e da palavra; (4ª) nobreza de expressão; (5ª) composição com vistas à dignidade e elevação (VIII, p. 77). Dessas cinco, apenas as duas primeiras são inatas e dependem da genialidade do poeta; as outras três fontes são adquiridas pela prática e, portanto, podem ser ensinadas.

Contudo, apesar da tentativa de estabelecer as fontes e definir a técnica, no tratado romano o sublime é claramente ligado ao efeito da poesia, e não apenas a um estilo retórico. Trata-se de uma espécie de "arrebatamento" ou êxtase que as passagens poéticas conseguem produzir: "invariavelmente, o admirável, com o seu impacto, supera sempre o que visa a persuadir e agradar; o persuasivo, ordinariamente, depende de nós, ao passo que aqueles lances carreiam um poder, uma força irresistível e subjugam inteiramente o ouvinte" (LONGINO, 2005, IV, p. 72). Assim, o efeito do sublime implica, para além de sua função retórica da persuasão, um poder que excede a capacidade de resistência do ouvinte e o subjuga, tomando de assalto a sua atenção. Esse êxtase a que o ouvinte é levado pela força do discurso estaria ligado a uma característica da alma humana, que por natureza tende a se deixar arrebatar pelo verdadeiro sublime, "ascender a uma altura soberba, encher-se de alegria e exaltação, como se ela mesma tivesse criado o que ouviu" (VII, p. 76). Ou seja, o ouvinte identificaria nas passagens poéticas grandiosas sua própria tendência à elevação, sua capacidade de atingir o divino ou a grandiosidade.

O comentário feito por Boileau, que acompanha sua tradução de 1674 do tratado, chama a atenção para estes dois aspectos: (1) a noção de sublime deve ser considerada como uma categoria poética independente, ao lado do belo; (2) o conteúdo sublime é diferente de um estilo sublime. É o segundo aspecto que leva o teórico francês à caracterização do sublime com termos correlatos, como o extraordinário, o surpreendente ou o maravilhoso no discurso (cf. BARONE, 2004, p. 41; BOILEAU, 1966, p. 158). Enfatiza-se, assim, a capacidade de surpreender que determinadas passagens poéticas possuem, de modo que o conteúdo sublime se define por uma espécie de surpresa arrebatadora do que é extraordinário. Como são descritos no tratado, esses momentos repentinos e intensos não vêm da habilidade da invenção, nem do ordenamento da matéria numa construção elaborada, eles surgem no momento certo, pontualmente. Por isso mesmo, dispersam tudo "como um raio" e manifestam, inteira, "de um jato, a força do orador" (LONGINO, 2005, p. 71).

Além do raio, que aparece mais de uma vez, outras metáforas ligadas às forças da natureza são usadas pelo autor romano para enfatizar o caráter repentino e intenso do arrebatamento que versos de Homero e de outros poetas são capazes de produzir. Elas incendeiam como fogo ou impactam como a tempestade, por exemplo. Mas é importante chamar a atenção para o fato de que o texto traduzido por Boileau reserva o adjetivo "sublime" apenas para passagens poéticas, ou seja, para obras artísticas, produtos do engenho humano. É a tradição posterior que fará uma inversão da lógica do tratado antigo, passando a chamar de sublimes justamente fenômenos da natureza semelhantes a esses que são usados aqui, metaforicamente, para acentuar características desses produtos humanos.

Essa tradição posterior se desenvolveu sobretudo na Inglaterra, ao longo do século XVIII, e depois na Alemanha, com sua incorporação definitiva à Estética filosófica. Um dos primeiros textos ingleses a elaborar o tema é *O progresso e a reforma da poesia moderna*, publicado por John Dennis em 1701 (cf. VIEIRA, 2003). Mas é em *Os prazeres da imaginação*, de Joseph Addison, escrito em 1712, que se nota claramente a transposição da categoria do sublime da arte para a natureza. Ao definir uma das fontes de prazer para a imaginação, que ele chama de "grandiosidade", Addison refere-se ao campo aberto, a desertos intocados, a gigantescos cumes de montanhas, a precipícios ou à vastidão do mar (cf. BARONE, 2004, p. 46; ADDISON, 1898, v. III, p. 279). Tais fenômenos da natureza são considerados fontes de prazer porque a mente os percebe como um *símbolo da liberdade*, ou seja: "A nossa imaginação ama ser preenchida por um objeto ou captar qualquer coisa que é grande demais para a sua capacidade". Desse modo, "somos levados a um espanto prazeroso diante de visões ilimitadas, e sentimos uma quietude deleitosa e um encantamento da alma ao apreendê-las" (BARONE, 2004, p. 46). O que é "grande demais" forçaria a imaginação a ir além de seus limites, logo, a sentir-se livre.

Por outro lado, esses eventos naturais possuem também uma dimensão assustadora, uma espécie de "horror agradável" que pode intensificar o impacto sobre a imaginação. Assim, Addison considerava que, de todos os objetos que já havia observado, o que mais afetava sua imaginação era o mar, proporcionando um espanto prazeroso quando as águas estão calmas, mas uma sensação de horror agradável, impossível de descrever, quando uma tempestade as agita, de tal modo que "o horizonte por todos os lados nada mais é do que vagalhões espumantes e montanhas flutuantes" (BARONE, 2004, p. 51; cf. ADDISON, 1898, v. IV, p. 48). Com essas observações, além de fornecer os exemplos clássicos e estabelecer as bases para os dois tipos que Kant diferenciaria, décadas depois, com os nomes de "sublime matemático" e "sublime dinâmico", Addison consagra o uso do termo "sublime" para caracterizar primordialmente o prazer advindo da contemplação de fenômenos da natureza, contrariando a tradição retórica e poética na qual o texto romano traduzido por Boileau estava inserido.

Em sua *Investigação sobre a origem das nossas ideias do sublime e do belo*, de 1757, Edmund Burke adota o mesmo uso de Addison, embora contrarie algumas das suas definições. A investigação foi escrita justamente com a intenção de esclarecer, após o longo e controverso debate inglês das décadas anteriores, a origem precisa das noções de belo e sublime que eram empregadas para caracterizar determinados objetos. Burke faz uma síntese das discussões precedentes a fim de demonstrar a distinção entre o belo e o sublime, pensados como categorias estéticas independentes. O próprio Longino teria se equivocado a esse respeito, assim como diversos comentadores modernos de seu tratado. O cerne da investigação de Burke se encontra, então, na diferença entre um prazer positivo (associado a objetos pequenos, delicados, harmoniosos, claros, suaves) e um prazer negativo (associado a objetos grandes, massivos, escuros, com formas ásperas) (BARONE, 2004, p. 57). O primeiro tipo de prazer diz respeito à beleza; o segundo caracteriza o sentimento do sublime, que surge diante de fenômenos como tempestades, o barulho de uma artilharia, uma catarata, animais ferozes ou venenosos, a escuridão, etc.

Assim, o desafio de Burke em sua investigação sobre o sublime é explicar qual a causa do prazer advindo da contemplação de objetos que são, a princípio, ameaçadores, perigosos, portanto, propícios a ocasionar dor. E sua resposta diz respeito à noção de distanciamento: quando o observador está em segurança, ele pode contemplar esses objetos e experimentar duas sensações misturadas, que são (1) a ideia do perigo e (2) o alívio por não ser diretamente afetado pelo objeto ameaçador. Burke (1993, p. 97) afirma que os fenômenos sublimes "são simplesmente dolorosos quando suas causas nos afetam imediatamente; mas são deleitosos [*delightful*] quando temos uma ideia da dor e do perigo, sem estar realmente nessas circunstâncias". Nesse caso, o sentimento do sublime se dá em dois passos, pois ele se constitui como um desprazer que proporciona, apenas quando o observador está em segurança, um prazer. A esse prazer negativo Burke dá o nome específico de "deleite", a fim de distingui-lo do prazer positivo que é proporcionado pela contemplação de coisas belas: "o que quer que desperte esse deleite eu o chamo de sublime", conclui.

Em suas "Analíticas" dos juízos estéticos, elaboradas na *Crítica da faculdade do juízo*, de 1790, Kant dialoga com os autores ingleses que tinham discutido as noções de belo e sublime ao longo do século XVIII, especialmente com Burke. As definições kantianas procuram solucionar os impasses do debate anterior, submetendo os juízos estéticos a uma análise crítica, ou seja, expondo rigorosamente como operam as faculdades da razão para produzir esses tipos de avaliações em que determinados fenômenos são designados com os termos "belo" e "sublime". Especificamente quanto à experiência estética do sublime, assim como seus precursores, o filósofo considera capazes de proporcioná-la fenômenos da natureza, tais como:

> Rochedos audazes sobressaindo-se, por assim dizer, ameaçadores, nuvens carregadas acumulando-se no céu, avançando com relâmpagos e estampidos, vulcões em sua inteira força destruidora, furacões com a devastação deixada para trás, o oceano revolto, uma alta queda d'água de um rio poderoso etc. (KANT, 1993, p. 107).

Quando compara o ajuizamento do sublime com o do belo, que "comporta diretamente um sentimento de promoção da vida, e por isso é vinculável a atrativos e a uma faculdade de imaginação lúdica", Kant (1993, p. 90) explicita que considerará apenas o sublime em objetos da natureza. E, de fato, as observações sobre questões relacionadas à arte que sucedem as analíticas do belo e do sublime seguem esse propósito. Nesse sentido, a transposição do termo "sublime" do campo da poética para o de experiências ligadas à natureza, presente em Addison e Burke, a princípio continua a pautar a reflexão kantiana sobre o tema. E a definição do sublime proposta por Kant tem algumas outras semelhanças com a de Burke, entre as quais se destaca a caracterização de um prazer negativo, ou seja, de um prazer que vem do desprazer. Contudo, a explicação dessa experiência é inteiramente diferente daquela espécie de alívio, ou supressão da ameaça de dor, que aparece nas investigações do escritor inglês.

Para esclarecer a explicação kantiana, é preciso distinguir os dois tipos de sentimento de sublime analisados pelo filósofo: o *sublime matemático*, no qual o movimento de ânimo do sujeito é ligado à faculdade de conhecimento; e o *sublime dinâmico*, no qual esse movimento está ligado à chamada faculdade da apetição (p. 93). A noção de "movimento do ânimo" diz respeito, aqui, à diferença entre o prazer do sublime e o do belo; enquanto o segundo se liga a uma forma determinada e a um sentimento de promoção das forças vitais, no qual o ânimo é simplesmente atraído pelo objeto e o contempla serenamente, o sublime implica uma mistura de atração e repulsa, um sentimento de inibição das forças vitais, seguido por uma efusão dessas forças em outro nível, portanto, implica um movimento brusco na disposição subjetiva, uma espécie de agitação (p. 90).

No caso do sublime matemático, esse movimento do ânimo está ligado a fenômenos que se apresentam como "grandes demais" (retomando uma definição que já se encontrava em Addison) ou "absolutamente grandes"; trata-se, portanto, de uma avaliação da grandeza natural em que o fenômeno se associa a uma ideia de infinitude. Essa avaliação não é lógica, uma vez que o critério para medir logicamente a grandeza baseia-se na comparação e na proporção dos objetos avaliados. Ou seja, do ponto de vista cognitivo, qualquer coisa pode ser grande ou pequena em relação a alguma outra coisa, mas não existe grandeza absoluta.

Nesse caso, a avaliação do "absolutamente grande" é, como conclui Kant, um ajuizamento estético, vinculado às limitações da faculdade da imaginação e à pretensão da faculdade da razão a uma totalidade absoluta, a uma ideia de infinitude. Se o sublime matemático pode ser definido como "aquilo em comparação com o qual tudo o mais é pequeno" (p. 96), Kant caracteriza esse sentimento como "desprazer a partir da inadequação da faculdade da imaginação, na avaliação estética da grandeza", e, ao mesmo tempo, um "prazer despertado a partir da concordância, precisamente deste juízo da inadequação da máxima faculdade sensível, com ideias racionais" (p. 104).

O filósofo conclui que o conflito entre as faculdades da imaginação e da razão produz esse prazer negativo, caracterizado como sentimento misto: há um primeiro momento em que a imaginação fracassa em sua tarefa de intuir uma forma, porque o fenômeno é grande demais para a sua capacidade; mas segue-se um segundo momento, em que a ideia racional de uma totalidade absoluta impele a imaginação para além de seu limite. No sublime matemático há um sentimento de desprazer com o fenômeno, pela incapacidade de apreendê-lo sensivelmente, mas um movimento de ânimo que revela a consciência de uma faculdade cognitiva ilimitada, suprassensível, capaz de pensar o infinito; esse segundo passo explica, para Kant, o prazer.

Já o sublime dinâmico está ligado não à faculdade de conhecimento, mas à faculdade de apetição, portanto, ao conflito entre os desejos e a vontade. Trata-se, aqui, de fenômenos que são percebidos como *fortes demais*, ou poderosos demais. Ou seja, no sublime, há sempre algo de excessivo, só que no segundo caso esse excesso está ligado não ao tamanho, a dimensão, mas a um conflito entre a força da natureza e a força de quem avalia um fenômeno natural, portanto, à capacidade de resistência de um homem em relação ao poder que tem diante de si.

O sublime dinâmico implica, como na concepção de Burke, o temor sentido ao observar objetos (vulcões, furacões, rochedos ameaçadores, etc.) que "tornam a nossa capacidade de resistência de uma pequenez insignificante diante do seu poder" (p. 107). Nesse caso, o primeiro momento, o desprazer, está ligado ao sentimento de uma impotência do sujeito, quando este se mede, em termos de resistência física, com manifestações violentas e atemorizantes contra as quais nada poderia fazer. Note-se, contudo, o condicional: trata-se apenas de imaginar o caso de aquele perigo afetar o sujeito e de, nessa projeção, perceber a insignificância de sua força, pois seria impossível encontrar prazer quando se está submetido à força destrutiva de um vulcão, por exemplo.

Retomando a noção burkiana do distanciamento, Kant afirma que o espetáculo dos fenômenos poderosos da natureza "só se torna tanto mais atraente, quanto mais terrível ele é, contanto que, somente, nos encontremos em segurança" (p. 106). Esses objetos atemorizantes são sublimes porque "elevam a fortaleza da alma acima de seu nível médio e permitem descobrir em nós uma faculdade de resistência totalmente diversa, que nos encoraja a medir-nos com a aparente onipotência da natureza" (p. 106). Assim, uma impotência física, uma limitação da capacidade do sujeito enquanto ser sensível constitui o sentimento inicial de desprazer; mas esse sentimento revela, quando o sujeito não se deixa determinar pela inclinação natural do medo, uma capacidade de se avaliar como sendo independente de qualquer força natural, portanto, uma superioridade em relação à natureza. Há uma espécie de vitória moral sobre a natureza, a partir do conflito entre o impulso sensível de autoconservação, que gera o terror, e a capacidade de autodeterminação pela própria vontade, independentemente das forças da natureza. O ânimo subjetivo do homem sentiria, assim, "a sublimidade própria de sua destinação" enquanto ser racional.

É importante ressaltar que, na teoria kantiana, embora os objetos que suscitam o sentimento do sublime sejam fenômenos da natureza (Kant chega a mencionar também as pirâmides do Egito e a catedral de São Pedro, mas apenas como objetos, sem ressaltar sua especificidade artística) (p. 98), o sublime designa propriamente o movimento do ânimo, *e não os objetos*: "a sublimidade não está contida em nenhuma coisa da natureza, mas só em nosso ânimo" (p. 110). De acordo com essa concepção, chama-se impropriamente de sublime o objeto, uma vez que é justamente a incapacidade de apreendê-lo ou de resistir a ele, portanto, seu caráter informe e excessivo, que gera o movimento de elevação e, com isso, o sentimento de prazer designado pelo termo.

## O ensaio kantiano de Schiller

Quanto à inserção no debate moderno a respeito do sublime, uma análise do primeiro ensaio publicado por Schiller sobre esse tema, em 1793, evidencia as suas contribuições para o desenvolvimento da teoria que Kant tinha proposto poucos anos antes. O subtítulo "Para uma exposição ulterior de algumas ideias kantianas" apresenta o propósito central do texto, intitulado "Do sublime": apropriar-se da argumentação kantiana para, a partir dela, refletir sobre novas possibilidades da experiência estética; possibilidades que, embora indicadas na Analítica, não tinham sido previstas por Kant.

Inicialmente, o ensaio de Schiller consiste basicamente num comentário que descreve os tipos diferentes de sublime definidos na *Crítica da faculdade do juízo* e a relação deles com os usos da razão. Schiller acompanha de perto a argumentação da Analítica para definir o que seria o "objeto sublime": aquele diante do qual "nossa natureza sensível sente suas limitações, enquanto nossa natureza racional sente sua superioridade, sua liberdade de limitações, portanto, um objeto contra o qual levamos a pior *fisicamente*, mas sobre o qual nos elevamos *moralmente*, i. e., por meio de ideias" (DS, p. 21).[1] E os exemplos também são próximos daqueles que aparecem na terceira crítica: um precipício que se abre a nossos pés, uma trovoada violenta, um vulcão em chamas, uma massa de rochedos descendo sobre nós, uma tempestade no mar, um inverno rigoroso ou um verão tórrido em regiões inóspitas, animais ferozes, uma inundação. Além desses poderes da natureza que ameaçam a nossa existência, Schiller menciona também certos "objetos ideais": o tempo "considerado como um poder que atua silenciosa mas impiedosamente"; e a necessidade, "a cuja rígida lei nenhum ser natural pode se subtrair" (DS, p. 42). Segue-se à definição do objeto sublime uma descrição dos dois momentos envolvidos no sentimento do sublime, também de acordo com a concepção kantiana: em primeiro lugar, a sensação da nossa dependência enquanto seres naturais, em segundo lugar, a percepção da independência que mantemos enquanto seres racionais sobre a natureza.

No entanto, o estudo de Schiller não é uma mera exposição dos argumentos de Kant. Sua primeira contribuição para a teoria do sublime diz respeito à terminologia empregada na distinção entre os dois tipos que Kant chamava de "sublime matemático" e "sublime dinâmico". Todos os exemplos de objetos capazes de despertar o sentimento do sublime são vinculados ao caráter assustador ou ao perigo que, num primeiro momento, revelam a dependência humana em relação à natureza, mas que, por isso mesmo, permitem a experiência da independência racional ou moral. Schiller explica que tanto a dependência quanto a independência em relação à natureza

---

[1] As citações de "Do sublime" e "Sobre o sublime", doravante "DS" e "SS", respectivamente, são relativas aos textos contidos neste livro.

ocorrem de duas maneiras diversas. Haveria uma dupla dependência: a primeira quando a natureza "deixa faltarem as condições nas quais atingimos conhecimentos; a segunda, quando a natureza contradiz as condições nas quais é possível para nós levar adiante nossa existência" (DS, p. 23). Do mesmo modo, a independência se revela de duas maneiras: em primeiro lugar, ao sairmos do âmbito natural, podemos pensar mais do que o conhecimento nos transmite; ou então podemos contradizer as nossas inclinações por meio da nossa *vontade*.

Com base nessa dupla relação de dependência e independência, propõe-se uma nova terminologia, substituindo as expressões "sublime matemático" e "sublime dinâmico" por "sublime teórico" e "sublime prático", de acordo com a relação de cada tipo a um uso da razão. Além de evidenciar esses vínculos, o que Schiller pretende é esclarecer a experiência estética com base na concepção de dois impulsos fundamentais que determinam o ser humano em sua relação com a natureza: o impulso de conhecimento, ligado ao plano teórico, e o impulso de autoconservação, ligado ao plano prático. Essa explicação remete à questão antropológica formulada por Kant, especialmente no domínio de sua filosofia prática, ou seja, à noção de que o homem é um cidadão de dois mundos.[2] Enquanto ser natural, ele seria determinado por estes dois impulsos, o de tentar entender o mundo e o de se esforçar para preservar sua existência.

De acordo com Schiller, o primeiro momento da experiência do sublime pode ser explicado assim: certos objetos (grandes demais, numerosos demais) contradizem o impulso de conhecimento, ou seja, não conseguimos apreendê-los, pois eles estão além da nossa capacidade cognitiva e por isso revelam a limitação desta; outros objetos contradizem nosso impulso de autoconservação, ou seja, eles ameaçam nossa

---

[2] Cf., por exemplo, Kant, 1989, p. 471.

capacidade física de existir e por isso revelam uma limitação no plano da vontade, portanto, em última instância, o limite da liberdade humana em relação à natureza.

É com base nessa distinção que Schiller reflete sobre a *intensidade* do sentimento do sublime em cada caso, e essa reflexão leva a um privilégio do sublime prático, que proporcionaria uma experiência muito mais intensa do que a do sublime teórico: "Se ambos os tipos de sublime mantêm uma relação semelhante com a nossa faculdade da razão, eles se encontram, todavia, em uma relação completamente diversa com a nossa sensibilidade, o que funda uma diferença importante entre eles no que diz respeito tanto à intensidade quanto ao interesse" (DS, p. 26).

O sublime teórico está ligado a objetos experimentados como infinitos, porque sua grandeza vai além da capacidade da imaginação de apreendê-la; o prático diz respeito a objetos que despertam o pavor, porque sua força excede fisicamente a capacidade de resistência do homem enquanto ser sensível. Para Schiller, a distância entre a capacidade sensível e a suprassensível do ser humano é sentida de modo mais contundente no que é aterrorizante do que naquilo que é infinito. Isso ocorre porque aquele fracasso da imaginação que caracteriza o primeiro momento do sublime como um desprazer põe em xeque faculdades diferentes: no sublime teórico, apenas a capacidade cognitiva de intuir a forma de um objeto; no prático, o impulso de autoconservação, inclinação determinante da existência do homem enquanto ser natural. Ao exemplificar essa diferença, o autor recorre à mesma imagem usada por Addison, em seu texto de 1712, para caracterizar o fenômeno natural que mais afetava sua imaginação: o oceano em calmaria é um exemplo do sublime teórico, por sua vastidão, enquanto o oceano em tempestade é um exemplo do sublime prático.

O fracasso da imaginação em seu papel ligado ao conhecimento também é um desprazer, por contradizer a tarefa ativa dessa faculdade. Mas esse desprazer não implica um sofrimento efetivo, porque sabemos que a nossa existência independe da compreensão do fenômeno. Mas quando um objeto está em conflito com as condições da própria existência, a sensibilidade é afetada de maneira muito diversa. Como diz Schiller: "É bem diferente se temos algo a temer com relação à posse de uma única representação ou do fundamento de todas as representações possíveis, com relação à nossa existência no mundo sensível" (DS, p. 27). Schiller conclui que o *temível* na representação estética deve nos mover de modo mais vivaz do que o *infinito*, e, portanto, que o sublime prático possui de antemão uma grande preponderância em relação ao teórico no que diz respeito à intensidade da sensação.

A partir dessa distinção em termos de intensidade, o autor passa a privilegiar o sublime prático em sua reflexão, a fim de solucionar um problema que ele identifica nas teorias de seus precursores, incluindo na kantiana. Como contribuição para o percurso histórico da teoria do sublime na modernidade, essa solução pode ser avaliada de duas maneiras distintas: (1) como exploração de uma experiência estética mais intensa do sublime, para além de sua restrição à segurança do observador; (2) como transposição do sublime da natureza para o sublime da arte.

O primeiro aspecto envolve uma determinação importante nas concepções de Kant e de Burke, ligada ao distanciamento necessário para que o desprazer possa se tornar um prazer. Os dois autores destacam, embora suas explicações sejam diferentes, que só é possível sentir prazer com fenômenos ameaçadores ou informes quando o sujeito se encontra em segurança. Ou seja: o que o observador tem diante de si é apenas a natureza representada em sua imaginação como grande demais ou como forte demais; se estivesse submetido ao poder da natureza, portanto, se sofresse diretamente a força que anula sua capacidade de resistência, o terror prevaleceria, e o prazer com aquela experiência seria impossível. Kant (1993, p. 107) mencionava essa exigência para "considerar um objeto como temível sem temer diante dele"; Burke (1993, p. 97) observava que o perigo é apenas doloroso quando estamos diretamente submetidos a ele, mas pode ser um deleite quando "temos uma ideia da dor e perigo, sem estar realmente nessas circunstâncias".

Nesse sentido, a intenção de Schiller é desenvolver uma nova hipótese: se seria possível sentir o sublime mesmo estando diante não só do objeto atemorizante, mas também do próprio sofrimento. Para defender essa possibilidade, ele retoma a definição do sublime prático, aquele que envolve objetos diante dos quais se evidencia "a nossa impotência enquanto seres naturais", mas que revelam "em nós uma faculdade de resistência de tipo totalmente diferente". Não se trata da suspensão de um perigo que nos ameaça, como pensava Burke, mas da remoção das condições últimas sob as quais o perigo pode se dar para nós, como define Kant. E, nas palavras de Schiller, essa remoção ocorre "na medida em que o sublime nos ensina a considerar a parte sensível de nosso ser, a única submetida ao perigo, como uma coisa da natureza que é externa e não diz respeito de modo algum a nossa verdadeira pessoa, a nosso eu moral" (DS, p. 39).

O avanço da teoria schilleriana em relação a Kant, no sentido da amplitude da experiência estética, começa com a distinção de dois tipos do sublime prático, classificados de acordo com três componentes que fazem parte do sentimento misto em questão: *em primeiro lugar*, um objeto da natureza como poder; *em segundo lugar*, uma relação desse poder com a nossa faculdade de resistência física (o que leva à representação da nossa impotência física); *em terceiro lugar*, uma relação do mesmo poder com a nossa pessoa moral (o que leva à representação da nossa superioridade moral ou racional).

As duas classes do sublime prático estão relacionadas a esses elementos. Na primeira, "está dado na intuição apenas um objeto como poder", ou seja, "a causa objetiva do sofrimento, mas não o próprio sofrimento". Com isso, os outros dois elementos são apenas projetados pela imaginação: é o sujeito que gera em si mesmo a representação do sofrimento e a transforma em objeto de temor, "através da relação com o impulso de conservação", ou em algo sublime, "através da relação à sua pessoa moral" (DS, p. 40). Na segunda classe, que demonstra a hipótese de Schiller, "além do objeto como poder é representada objetivamente para o homem também a sua temibilidade, o próprio sofrimento", de modo que só resta ao sujeito "gerar o sublime a partir do temível". A primeira experiência é aquela descrita por Kant na Analítica e considerada por Schiller como um "sublime contemplativo". Já para a segunda classe ele reserva o nome de "sublime patético", porque ela inclui a representação do *pathos*, do próprio sofrimento.

É nesse ponto que se encontra a segunda maneira de avaliar a contribuição de Schiller para a teoria moderna do sublime, pois o sublime patético não pode ocorrer na contemplação dos fenômenos naturais. Submetido às forças destrutivas da natureza que desencadeiam o temor, como esclarecem as considerações de Kant e Burke, o sujeito seria subjugado pela inclinação sensível e não sentiria prazer algum. Ou seja, quando um objeto "não apenas *mostra* a sua força, mas também a *exprime* efetivamente de modo hostil", a imaginação não está mais livre para relacioná-lo ou não ao impulso de conservação, "ela *tem de* fazê-lo, é objetivamente obrigada a isso" (DS, p. 48).

No entanto, seria possível fazer essa experiência por meio da identificação, ou seja, de modo solidário, por uma espécie de compaixão com o sofrimento de outro ser humano. Mesmo assim, a desgraça real desperta apenas terror quando é vivenciada diretamente, e o sofrimento só pode se tornar estético, portanto, despertar um sentimento do sublime, "quando é mera ilusão". Caso ocorra efetivamente, só quando não é representada de modo imediato para os sentidos, mas apenas para a faculdade de imaginação, uma experiência de desgraça pode gerar o prazer. Então Schiller define: "a representação do sofrimento alheio, ligada ao afeto e à consciência de nossa liberdade moral interna, é *sublime de modo patético*" (DS, p. 41).

Nessa classe nova do sublime, o distanciamento e a segurança do observador são transpostos para um outro patamar, e o afeto da compaixão – que não depende de uma escolha, pois é determinado pela faculdade de sentimento – é o que permite experimentar o sofrimento sem ser por ele destruído. Se o sofrimento real não fornece um fundamento para o sublime, e se é necessário diferenciar-se do sujeito que sofre para sentir prazer com o patético, apenas a experiência da compaixão dentro de suas fronteiras estéticas unificaria as duas condições primordiais do sublime: a representação sensível do sofrimento ligada a um sentimento da própria segurança.

A conclusão de Schiller é que o sublime patético só pode ter lugar na arte, e especificamente no gênero artístico que se dedica à apresentação do sofrimento nos limites de uma experiência estética prazerosa, ou seja, a tragédia. As duas condições primordiais do sublime patético são apresentadas pela arte trágica: (1) para tornar patético o objeto, "uma representação vivaz do *sofrimento*, de modo a despertar o afeto compassivo com intensidade apropriada"; (2) para tornar o patético sublime, "uma representação da *resistência* contra o sofrimento, de modo a chamar à consciência a liberdade interna do ânimo" (DS, p. 51).

Desse modo, Schiller realiza uma transposição do sublime da natureza, como foi pensado pelos teóricos do século XVIII, para a arte. Com relação ao percurso histórico do conceito, nas teorias expostas de Boileau a Kant, esse transplante fecha um círculo, já que devolve a seu território original a categoria estética que, no tratado romano atribuído a Longino, estava associada ao domínio da Poética. O sublime volta a ser um termo que designa um sentimento ligado diretamente a uma obra de arte.

# O ensaio schilleriano

Quando publicou suas obras completas, em 1801, Schiller substituiu o ensaio "Do sublime" por outro texto, intitulado "Sobre o sublime", escrito provavelmente entre 1793 e 1795. A substituição indica o privilégio dado pelo autor ao desenvolvimento de uma teoria própria, não mais vinculada à terminologia e aos argumentos de Kant. Mas a comparação do novo ensaio com o primeiro evidencia que aquela apropriação da teoria kantiana, na qual o ponto culminante é o estabelecimento da noção de sublime patético, associado à arte trágica, constitui aqui uma base implícita na qual se apoia a abordagem do tema.

O texto começa com uma frase da peça de Lessing *Nathan, o sábio* (1998, p. 215): "Nenhum homem é obrigado a ser obrigado", tradução de *"Kein Mensch muss müssen"*. O verbo *"müssen"*, que se repete na frase, aparecendo tanto como auxiliar modal quanto como verbo principal, expressa a condição da obrigatoriedade que define as ações, portanto, a submissão a imposições externas. É em oposição a essa noção que aparece em seguida ao verbo *"wollen"* ("querer"), no qual se expressa a condição da liberdade, como instância de escolha consciente de seguir ou não uma inclinação ou uma necessidade externa. A vontade [*"Wille"*, substantivo diretamente ligado a *"wollen"* em alemão], segundo Schiller, caracteriza o ser humano como aquele que não está submetido à imposição da necessidade, que não é obrigado a ser obrigado, como seriam todos os outros seres, nos quais as inclinações naturais se impõem como determinações do modo de agir. Nesse caso, a vontade pode ser pensada como a capacidade de agir segundo uma escolha racional que pode contrariar a determinação da natureza (desejos, impulsos, etc.). A violência da natureza, como uma imposição da necessidade contra a vontade, oferece o risco de uma negação do próprio homem naquilo que o define, ou seja, enquanto ser racional caracterizado pela possibilidade de escolha.

Toda essa reflexão é claramente baseada na duplicidade da concepção antropológica expressa por Kant desde a *Crítica da razão pura* (1989, B 574-575, II 498; 1995, p. 471). A oposição entre *wollen* (querer) e *müssen* (ser obrigado) reproduz a oposição entre as duas perspectivas distintas segundo as quais o ser humano pode ser compreendido: como ser sensível submetido à causalidade da natureza ou como ser inteligível capaz de agir segundo as leis que estabelece para si mesmo.

Na versão schilleriana, quando o homem se vê sempre diante do conflito entre o seu lado natural e o seu lado racional, entre o impulso e a capacidade de resistir ao impulso, ele se encontra "cercado de incontáveis forças, todas superiores a ele, todas capazes de dominá-lo, ele reivindica, por meio de sua natureza, não sofrer violência alguma" (SS, p. 56). E essa situação implica uma tarefa de afirmação da vontade com relação à necessidade natural. O ser humano, submetido à violência das forças da natureza, precisaria dar uma resposta capaz de confirmar sua liberdade diante da ameaça que contraria aquilo mesmo que o caracteriza.

Segundo Schiller, a cultura pode ser concebida como resposta do homem contra as imposições da natureza, pois, graças ao seu entendimento, às realizações da técnica, ele consegue aumentar artificialmente as suas próprias forças naturais e, até certo ponto, tornar-se, fisicamente, senhor de todas as coisas físicas. Assim, há uma *maneira realista* de a cultura realizar essa tarefa, que diz respeito à possibilidade de dominar a natureza, de opor violência à violência, transformando as forças da natureza em instrumentos da vontade. Schiller se refere a essa capacidade com a expressão "cultura física".

O problema é a limitação dessa resposta proporcionada pela cultura física, uma vez que, como diz o provérbio mencionado pelo autor: "para tudo há remédio, menos para a morte". Ou seja, a natureza como força impositiva contrária à vontade está presente no próprio homem, considerado segundo a primeira perspectiva kantiana como ser sensível subordinado à causalidade natural. Mas, com relação à segunda perspectiva, essa imposição derradeira se mostra como negação do próprio conceito de homem. Nas palavras de Schiller, "se houver um único caso em que ele simplesmente é obrigado a algo que não quer, nunca mais poderá ser compreendido como o ser que quer" (SS, p. 56). Todo o conceito de homem, como ser livre por meio da vontade, é posto em questão por essa única subordinação à lei da natureza, que anula a sua liberdade. "Esse terrível fato de *ser obrigado e não querer* o acompanhará como um fantasma e fará dele, como é realmente o caso para a maioria dos homens, uma presa dos terrores obscuros da fantasia".

São enfatizadas nesse contexto duas concepções fundamentais no pensamento de Schiller: a liberdade e a cultura. Adotando a perspectiva da filosofia prática, a liberdade é uma ideia diretamente relacionada à capacidade de se autodeterminar, portanto, de impor a vontade, como escolha, com relação às determinações da causalidade natural. De acordo com essa concepção, a liberdade vira absolutamente nada quando a vontade se revela incapaz de determinar o próprio homem, como ocorre diante da morte. E é aqui que entra em jogo novamente a cultura, que "deve pôr o homem em liberdade e auxiliá-lo a preencher por completo o seu conceito", ou seja, a se afirmar como "o ser que quer".

Se a cultura física não pode realizar essa tarefa quando a causalidade se impõe como determinação da própria natureza humana (afinal, o homem é um ser mortal), a cultura precisa desenvolver uma *maneira idealista* de afirmar a humanidade. Não se trata mais de dominar a natureza, mas de uma realização ligada à "cultura moral", na qual o autor enxerga a possibilidade de superar o derradeiro terror ao qual o homem está submetido enquanto cidadão de dois mundos: "caso não possa mais opor às forças físicas nenhuma força física adequada, não lhe resta nenhuma outra alternativa para não sofrer violência alguma senão: *anular inteiramente uma relação* que lhe é tão desvantajosa, e *aniquilar no conceito* uma violência que é obrigado a sofrer na realidade" (SS, p. 57).

É para definir a "maneira idealista" de afirmar a vontade e destruir conceitualmente a morte que Schiller recorre às categorias de belo e sublime, articuladas com a moralidade e, em última instância, com a pergunta antropológica. Em consonância com a estética kantiana, o belo é apresentado como sentimento de prazer que vem de um juízo desinteressado, revelando um passo no sentido da libertação das forças da natureza. Nesse sentido se compreende o elogio do sentimento de prazer, considerando que "um ânimo que se enobreceu a ponto de ser tocado mais pelas formas do que pela matéria das coisas e de criar, sem levar em consideração a posse, um agrado livre a partir da mera reflexão sobre o modo de aparecer, traz em si mesmo uma plenitude interna de vida que não pode ser perdida" (SS, p. 58).

Já no caso do sublime, trata-se de uma "disposição de ânimo para a qual é indiferente se o belo e o bom e o perfeito existem, mas que anseia com o máximo rigor que o existente seja bom, belo e perfeito" (SS, p. 58). A diferença se encontra entre exigir que os ideais existam (o que revelaria uma dependência do acaso e da contingência) ou senti-los mesmo diante do sofrimento e da imperfeição da existência. E essa diferença leva a uma outra comparação, quanto à relação dos sentimentos estéticos com a liberdade humana. Segundo Schiller, o belo é uma expressão da liberdade, mas da que nós gozamos dentro da natureza. Já no caso do sublime, a liberdade se dá porque os impulsos perdem toda a influência sobre a legislação da razão, pois o que atua nesse caso é apenas o espírito, como se não obedecesse a nenhuma lei senão a sua própria. Como um princípio autônomo que independe de todas as emoções sensíveis, a capacidade de sentir o sublime revela a ideia de liberdade em sua intensidade máxima e, com isso, se relaciona com a definição antropológica proposta por Schiller no início do ensaio.

Metaforicamente, essa mesma comparação distingue dois "gênios" que a natureza teria oferecido ao homem como "companheiros" durante a vida: o *gênio belo*, sociável e encantador, que "encurta nossa viagem extenuante com seu jogo animado, torna leves os grilhões da necessidade e nos conduz" até certo ponto. Os limites, aqueles "lugares perigosos em que temos de agir como puros espíritos" são onde esse gênio nos abandona, porque "apenas o mundo sensível é sua região" (SS, p. 59). Só o *gênio sublime*: "sério e calado", "nos transporta por sobre a profundidade vertiginosa" entre o âmbito sensível e o suprassensível.[3]

Segundo a concepção iluminista de Schiller, se todos os seres apenas naturais agem sempre de acordo com as necessidades impostas de fora, o ser humano se diferencia por poder, graças ao lado racional, ou moral, intervir com sua vontade na necessidade natural. A experiência do sublime está intimamente ligada a essa possibilidade, por exemplo, quando alguém "escolhe" contemplar uma manifestação violenta da

---

[3] Aqui, o autor retoma diretamente a formulação que aparece no poema "Belo e sublime", publicado na revista *As Horas*, em 1795: "São dois os gênios que te conduzem pela vida, / Feliz de ti se caminham unidos ao teu lado, te auxiliando! / Com um jogo divertido, um deles te encurta a viagem, / Nos teus braços, teu destino e teu dever tornam-se mais leves. / Entre gracejos e conversas, ele te acompanha até o abismo, / Onde o mortal, em calafrios, estanca diante do mar eterno. / Aqui te recebe o outro, decidido e sério e calado, / Te leva com seu braço gigantesco por sobre as profundezas. / Nunca te consagre a um somente. Não confie ao primeiro / Tua dignidade, e nunca ao outro tua felicidade". Tradução de Ricardo Barbosa em nota no livro *Cultura estética e liberdade* (SCHILLER, 2009, p. 109).

natureza capaz de destruí-lo e se deleita com a grandiosidade e com a força que, fosse ele meramente guiado pela sensibilidade, o fariam fugir em pânico.

Todavia, mesmo as experiências estéticas da natureza possuem ainda um grau de aprisionamento, portanto, uma limitação na sua capacidade de afirmar o conceito do ser humano. A experiência do sublime dinâmico analisada por Kant seria ainda "contemplativa" e dependeria tanto da segurança do observador quanto da sua capacidade de imaginar a resistência a uma força da natureza. Para ser capaz de realizar a tarefa "idealista" de uma vitória sobre a morte como derradeira imposição da natureza, exige-se então o que Schiller já tinha chamado de "sublime patético", aquela espécie derivada do "sublime dinâmico" de Kant que, no ensaio "Do sublime", aparece como capaz de apresentar sensivelmente não só o poder que ameaça o homem, como também a resistência inútil a essa força no plano físico e a possibilidade de uma vitória moral.

Na concepção schilleriana, portanto, a cultura moral só pode destruir conceitualmente a morte por meio da arte que produz e intensifica a experiência do sublime: a tragédia. Trata-se de uma representação artística; e esse é um fator decisivo, porque a tragédia, ao apresentar uma desgraça fictícia, pode pôr o homem em contato com a lei racional capaz de libertá-lo da causalidade natural, sem torná-lo indefeso, como acontece no caso de uma desgraça real. Por isso a tragédia pode ser definida como a possibilidade de um símbolo da liberdade, ou uma encenação da ideia de liberdade, uma apresentação do que não é apresentável pelo entendimento. Como afirma o autor em "Acerca do patético", texto complementar a "Do sublime" em sua primeira publicação: "O fim último da arte é a apresentação do suprassensível, tornando sensível a independência moral de leis naturais no estado do afeto – e é sobretudo a arte trágica que realiza isso" (SCHILLER, 1995a, p. 113; cf. SCHILLER, 1992, p. 423).

Por isso, só a arte consolidaria a força moral do homem e poderia educá-lo para a "liberdade absoluta", aquela que é conservada intacta mesmo diante daquele sofrimento de que ele não pode escapar como ser natural. É a capacidade de sentir o sublime, considerada por Schiller uma das mais esplêndidas faculdades humanas, que expressa a autonomia racional e influencia a moralidade, dando a possibilidade de "destruir conceitualmente" a morte.

Quanto à sua contribuição para a teoria moderna do sublime, é importante ressaltar que, além da ampliação da experiência estética para o terreno do patético, defendida no ensaio anterior, a dimensão antropológica discutida no novo texto procura demonstrar a importância de uma teoria do sublime não só para compreender a influência da experiência estética sobre a moralidade, mas também para situar seu papel decisivo no desenvolvimento da cultura e da própria humanidade. Trata-se de duas ideias centrais para o projeto de uma "educação estética do homem", desenvolvido no célebre tratado epistolar que seria publicado por Schiller em 1794 (cf. SCHILLER, 1990). Por outro lado, a transposição para a arte também se consolida, nesse segundo texto, como fundamento de uma explicação do conceito de trágico baseada na estética do sublime.

## Schiller e a teoria contemporânea do sublime

No sentido de um possível desdobramento da teoria a partir da transposição proposta por Schiller até a Estética contemporânea, evidenciam-se duas vias da recepção do tema. Uma delas é a da conexão do sublime com o trágico, a partir da qual se abre todo o campo de investigação filosófica desse conceito na filosofia alemã do século XIX. O livro *O nascimento do trágico*, de Roberto Machado, explora essa via, de Schiller a Nietzsche, dialogando com o *Ensaio sobre o trágico*, de Peter Szondi. No entanto, a relação do trágico com o sublime se torna problemática nos desdobramentos explorados por esses autores, e o próprio esforço filosófico para alcançar um conceito de trágico parece chegar a um esgotamento no início do século XX.

Segundo a formulação de Szondi (2004, p. 77) em seu ensaio: "A própria história da filosofia do trágico não está livre de tragicidade". A busca por um conceito geral do trágico, no contexto alemão do século XIX, teria atingido o ápice de seu percurso, permitindo um exame da sua estrutura e um reconhecimento da dialética à qual a sua conceituação se associa. Mas a esse ponto culminante se seguiria uma derrocada. Desse modo, conclui Szondi, ou a filosofia não é capaz de apreender o trágico de modo definitivo ou então não existe *o* trágico, como uma determinação geral. Justamente o propósito de encontrar essa determinação filosófica – que para Roberto Machado tem início com Schiller – teria levado

Contudo, a substituição do problema do sublime pelo problema do trágico, com seus desdobramentos e desafios próprios, não é a única via pela qual se pode buscar uma retomada ou uma influência da teoria schilleriana na Estética contemporânea. Outro caminho, talvez mais descontínuo e, no entanto, diretamente ligado ao debate exposto aqui, é o da reflexão específica sobre o sublime, tal como retomada por Adorno, por exemplo, em sua *Teoria Estética* – com referências diretas a Schiller –, ou a partir dos anos 1980, por Lyotard. De maneira bastante geral, é possível indicar Schiller como um precursor das reflexões de Adorno e Lyotard, uma vez que ambos repetem seu procedimento, partindo de Kant ou da teoria moderna, para pensar a possibilidade de uma transposição do sublime da natureza para arte.

# O trágico e o sublime de Schiller a Adorno

Em sua *Teoria Estética*, Adorno discute a transposição do sublime na natureza para o sublime na arte, tendo como ponto de partida a noção de que essa passagem põe em xeque a definição moderna, kantiana, do tema. A questão aparece no item "Sublime e jogo", no qual o autor faz a seguinte avaliação: "Por meio de seu transplante na arte, a determinação kantiana do sublime é compelida para além de si" (ADORNO, 1996, p. 293 *apud* DUARTE, 2008, p. 27). Esse diagnóstico está ligado, por um lado, às características da arte e da cultura do século XX e, por outro, ao tipo de transposição pensado na teoria moderna a partir de Kant.

Como afirma Rodrigo Duarte (2008, p. 28), em seu comentário "O sublime estético e a tragédia do mundo administrado", a situação da arte na contemporaneidade é explicada, na *Teoria Estética*, como uma espécie de "fuga para o sublime", depois do "colapso da beleza formal". Mas essa situação é precária, "prejudicada pela incompreensão do público, pelo descaso das instituições que tradicionalmente a apoiavam e, de modo particular, pela concorrência de instâncias típicas do capitalismo tardio". Assim, na arte que abandonou a busca pelo belo, e em meio aos desafios da criação oprimida pelas demandas e determinações do "mundo administrado", o sublime talvez pudesse ser considerado como aquilo que diferencia a arte autêntica dos "construtos estéticos destinados ao entretenimento, como, por exemplo, as mercadorias culturais".

Com relação à possibilidade dessa distinção, trata-se aqui, pelo menos até certo ponto, de uma avaliação negativa, já que Adorno identifica um caráter problemático no transplante do sublime para a arte, ligado a uma disfunção da criação artística contemporânea. No entanto, como propõe Rodrigo Duarte, nesse contexto, o sublime pode ser aproximado do que

Adorno chamava de "desartificação da arte", que inclui, entre outras coisas, "a renúncia proposital dos artistas a produzir obras". E o elemento que permite essa aproximação entre sublime e *desartificação* é o *abalo* [*Erschütterung*], concebido não como sentimento de prazer, mas como "liquidação do eu". Adorno (1996, p. 364 *apud* DUARTE, 2008, p. 30) afirma: "O eu precisa, para que enxergue apenas um pouquinho para fora da prisão que ele próprio é, não da distração, mas do maior tensionamento".

As diferenças da concepção de sublime em Adorno com relação à concepção kantiana são derivadas de um condicionamento histórico da experiência estética. Haveria em Kant uma espécie de "positividade da negação que animou o conceito tradicional do sublime" (DUARTE, 2008, p. 31), mas essa perspectiva exprime um momento que foi historicamente superado pelo fato de que a promessa iluminista, na qual Kant ainda acreditava, chega ao século XX desgastada por sua reversão para a dominação da natureza através de meios tecnológicos e científicos. Segundo o processo de predomínio da racionalidade instrumental amplamente discutido por Adorno e Horkheimer na *Dialética do esclarecimento*, de 1947, esses meios que em princípio poderiam ser úteis à emancipação humana se convertem em instrumentos de controle e preservação da sociedade capitalista contemporânea.

Se, no conceito kantiano de sublime, "deveria estar sinalizada a grandeza do homem enquanto algo espiritual e superior à natureza", e se a experiência humana contemporânea da autoconsciência só se revela a partir da sua "inarredável inferioridade física", Adorno (1996, p. 295 *apud* DUARTE, 2008, p. 34) constata na *Teoria Estética* que a composição da categoria do sublime se modifica. "Ela própria era, na sua versão kantiana, tingida da nulidade do homem; nela, na fragilidade do indivíduo empírico, deveria comparecer a eternidade de sua determinação universal – do espírito." Mas, conclui o autor, "se o próprio espírito é trazido à sua medida natural, nele a eliminação do indivíduo não é mais positivamente superada".

Para Adorno, a comparação da natureza com o espírito e a compensação da inferioridade física do ser humano por sua superioridade moral não podem ter o mesmo significado atribuído à experiência do sublime por Kant. Na arte, haveria o predomínio da pura imanência, na qual a pequenez humana é ressaltada de um modo até então velado. Além disso, mais do que indicar a impossibilidade da elevação ao domínio suprassensível, a ênfase do sublime kantiano na grandeza das potências racionais subjetivas trairia um tipo de cumplicidade com o projeto de dominação. Quando se transpõe para a arte a categoria de sublime, ela deveria se envergonhar desse aspecto e resgatar uma motivação originária do sublime, anterior a Kant, na qual se encontra uma ideia de reconciliação do homem com a natureza.

Assim, Adorno valoriza a descrição kantiana do sentimento, mas propõe uma espécie de inversão do privilégio da racionalidade, ou da noção de uma vitória moral sobre o domínio sensível. Ele afirma que Kant definiu com toda razão o conceito do sublime por meio da resistência do espírito contra o poder superior, mas: "O sentimento do sublime não vale imediatamente para o que se manifesta; as altas montanhas falam enquanto imagens de um espaço liberado do que restringe e comprime e da possível participação nisso, não na medida em que oprimem" (ADORNO, 1996, p. 295 *apud* DUARTE, 2008, p. 34).

Com base na modificação do próprio conceito e na situação da arte contemporânea, o diagnóstico de Adorno a respeito da possibilidade de manifestação do sublime no mundo contemporâneo é ambíguo. Por um lado, pode-se tentar encontrar, a partir da aproximação com a desartificação da arte e do elemento de abalo, uma chave para a compreensão do propósito da criação artística contemporânea na época de crise do belo artístico. Por outro lado, resta saber se existe espaço, na cultura do século XX, para a manifestação artística do sublime. E uma consequência incômoda do "transplante" do sublime na arte contemporânea seria o fato de que, em obras concretas, qualquer avaliação envolvendo uma possível sublimidade "soaria demasiado grandiloquente, assemelhando-se à 'oratória da religião da arte'" (cf. DUARTE, 2008, p. 33-34).

Nesse sentido, a avaliação de Adorno leva em conta a aproximação entre o sublime e o trágico, consagrada no contexto da filosofia alemã do século XIX. Ele analisa se a forma de transposição do sublime para a arte que caracteriza a reflexão moderna ainda pode ter lugar na criação artística do século XX. Essa consideração retoma, em outro contexto, as observações de Adorno e Horkheimer na *Dialética do Esclarecimento* sobre a impossibilidade de ocorrer, no âmbito da indústria cultural, uma situação verdadeiramente trágica. Identificava-se ali uma clara intenção de anestesiar o espectador, de modo que não houvesse mais lugar para a experiência do sofrimento e para sua expressão. Já que à indústria cultural não interessa o desenvolvimento autônomo da subjetividade, nela, a experiência do sofrimento daria lugar a uma espécie de entorpecimento do indivíduo, a um tipo de diversão que embota os sentidos e impede de pensar com profundidade. No entanto, os autores apontam a necessidade ocasional de a indústria do entretenimento apresentar produtos com certo "conteúdo", e o elemento trágico parece ideal para suprir essa demanda, já que ele remete a situações que estão na base da experiência humana (DUARTE, 2008, p. 23-24). O resultado seria uma espécie de corruptela ou caricatura do trágico que atende às expectativas de entretenimento da indústria cultural.

O trágico originalmente possuía, na cultura grega, função social explícita, na qual o caráter exemplar das atitudes do herói reconcilia o indivíduo com a totalidade, ao mesmo tempo que a contemplação do sofrimento acarreta uma experiência de "purificação". Mas, segundo Adorno e Horkheimer, na cultura de massas, o uso de elementos trágicos se converte em estratégia de dominação das consciências para a manutenção do *status quo* (DUARTE, 2008, p. 21). Para evitar o caráter subversivo que se explicitava, no trágico original, como possibilidade de o indivíduo se rebelar contras os poderes universais que o desafiam, opta-se por um registro segundo a fórmula *"getting into trouble and out again"*, característica das novelas de tevê; registro no qual uma situação transitória de problemas é superada, e tudo volta a ser como antes. Nesse registro em que não parece haver a possibilidade de resistência, o trágico, de "resistência desesperada à ameaça mítica" que era, ficaria reduzido à "ameaça da destruição de quem não coopera" (cf. ADORNO; HORKHEIMER, 1988, p. 142).[4] Portanto, existe uma convergência entre a liquidação do sujeito no mundo administrado e a pura e simples impossibilidade do trágico autêntico: "a liquidação do trágico confirma a eliminação do indivíduo" (ADORNO; HORKHEIMER, 1988, p. 144).

Ao retomar essa discussão na *Teoria Estética*, Adorno faz uma avaliação menos excludente, embora continue a problematizar a manifestação contemporânea do trágico. A esse respeito, ele comenta a frase "do sublime ao ridículo seria apenas um passo", atribuída a Napoleão, para caracterizar a possibilidade do sublime na arte de uma época em que predominam a imanência e a pequenez humana, em vez de sua elevação racional enxergada por Kant.

> A herança do sublime é a negatividade não-mitigada, nua e desprovida de aparência, como um dia a aparência do sublime o prometeu. Mas essa é também a do cômico, que uma vez se aproximou do sentimento do pequeno, mesquinho e insignificante e, quase sempre, falou a favor da dominação estabelecida. O cômico é o nulo através da pretensão de relevância, que se anuncia por sua mera existência e com o

---

[4] Comentário de Rodrigo Duarte (2008, p. 24).

qual ele se muda para o lado do adversário. Tão nulo, porém, se tornou o adversário, uma vez olhado com atenção, e, por sua parte o poder e a grandeza. O trágico e o cômico decaem na arte nova e permanecem nela enquanto decadentes (ADORNO, 1996, p. 364 *apud* DUARTE, 2008, p. 38-39).

Assim, a consequência dessa situação histórica seria, a partir da aproximação do sublime com o trágico, a indistinção entre o trágico e o cômico na arte contemporânea (que poderia ser constatada em diversos exemplos do desenvolvimento do drama moderno, ligados ao tragicômico, ao melodrama, etc.). A filiação do diagnóstico de Adorno à teoria schilleriana pode ser ressaltada nesse sentido, porque a *Teoria Estética* avalia a possibilidade de realização daquele transplante sublime-trágico proposto inicialmente por Schiller. Como comenta Rodrigo Duarte (2008, p. 36), em termos comparativos, a introdução desse elemento cômico inserido no trágico "certamente faz parte do arcabouço adorniano no sentido de oferecer uma crítica radical e profunda à cultura contemporânea". Se o sentido crítico não é de todo "estranho ao espírito da estética schilleriana", ele se afasta dela "num desenvolvimento filosófico que pode ser entendido como uma reação à vivência histórica específica do século XX, com os seus horrores muito próprios".

## O transplante do sublime para a arte em Lyotard

Em relação às reflexões de Adorno, uma diferença marcante na abordagem do sublime por Lyotard, em seus textos da década de 1980, é o fato de que a aproximação com o trágico não é levada em conta. No entanto, a discussão possui algumas semelhanças com as de seus precursores alemães, a começar pela retomada das teorias modernas do sublime na natureza para se pensar uma transposição desse conceito para o campo das artes. Como fez Adorno, e como fizera Schiller, Lyotard se apropria do conceito de sublime pensado por Kant e Burke para desenvolver uma reflexão sobre a situação "atual" da criação artística. Se essa atualidade indicava, no final do século XVIII, a questão da tragédia moderna, ou a situação das artes no "mundo administrado", em meados do século XX, no caso de Lyotard ela leva a uma discussão sobre a validade e o sentido das vanguardas artísticas no final do século XX, numa condição que o autor chama de "pós-moderna".

Assim, em textos como *O pós-moderno explicado às crianças*, "O interesse do sublime" e "O sublime e a vanguarda", essa categoria estética herdada das teorias modernas é pensada como uma chave para a compreensão e a avaliação de certos fenômenos artísticos, em todos os períodos históricos nos quais se pode caracterizá-los como sendo de vanguarda. Mais do que isso: avaliados segundo a concepção do sublime, fenômenos assim caracterizados manteriam, ainda no final do século XX, a vitalidade de seu sentido crítico (cf. MURICY, 2007, p. 41).

Mesmo sem discutir a já clássica polêmica em torno do conceito de pós-moderno, inserida em um dos debates filosóficos mais fecundos das últimas décadas, é importante ressaltar a distinção proposta por Lyotard. O que diferenciaria o sublime pós-moderno do moderno, segundo sua maneira de pensar, é uma nuance mínima. O artista moderno já fala sobre o sublime, já articula na forma moderna o conteúdo sublime, ou seja, aquilo que o filósofo francês chama de "inapresentável". Um exemplo que pode esclarecer essa diferença sutil é o da comparação entre Proust e Joyce, proposta em *O pós-moderno explicado às crianças*. Em Proust, o inapresentável seria a identidade da consciência que se dilui no tempo, mas isso ocorre no quadro de uma narrativa que preserva sua unidade. Já Joyce diluiria a própria identidade da literatura, porque ele procura apresentar o inapresentável na própria escrita, no significante, rompendo com a unidade da narrativa e deixando para trás os códigos tradicionais da gramática e do vocabulário literário. Como comenta Katia Muricy (2007, p. 45-46) em "Sublime e alegoria", "há, na estética moderna, o movimento nostálgico que alude ao inapresentável como a um conteúdo ausente, mas que o consola dessa inapresentabilidade na forma que é reconhecível pelo espectador ou pelo leitor". Na estética "pós-moderna" do sublime, em contrapartida, "o inapresentável seria trazido para a apresentação".

O conceito do "inapresentável", articulado a uma estética do sublime, vem do procedimento teórico que Lyotard tem em comum com seus precursores alemães, pois em sua base encontra-se a noção kantiana de "apresentação negativa". Contudo, apesar da semelhança no procedimento, a leitura de Kant e de Burke feita por Lyotard é bem diferente da leitura de Adorno, ou de Schiller, e essa diferença se evidencia especialmente em "O sublime e a vanguarda", texto que faz parte do livro *O inumano – Considerações sobre o tempo*, de 1988. Há nesse texto, em primeiro lugar, uma crítica da concepção kantiana do sublime, contraposta a uma valorização da concepção burkiana, pela importância dada à questão da temporalidade. Em segundo lugar, ao contrário do que propunham seus precursores alemães, a apropriação das definições modernas do sublime para pensar a arte contemporânea não tem, no texto de Lyotard, qualquer mediação. Como ele esclarece, explicitando o que pode ser entendido como uma hipótese histórica: "Desejei sugerir que, no despertar do Romantismo, a elaboração da estética do sublime por Burke, e num menor grau por Kant, aponta para um mundo de possibilidades de experimentações artísticas, no qual os vanguardistas vão traçar seu rumo" (LYOTARD, 1990, p. 105).

Mesmo sem levar em conta o vínculo problemático de Kant e Burke com o nascimento do Romantismo, a hipótese de Lyotard assume, voluntariamente, um salto histórico vertiginoso: nas teorias modernas do sublime já se encontraria a semente das práticas artísticas "pós-modernas" ou vanguardistas. Desse modo, ainda em termos comparativos, tanto na retomada daqueles autores quanto na defesa de que uma estética do sublime caracterizaria as vanguardas artísticas, Lyotard não se distancia das reflexões de Adorno que procuravam diagnosticar a situação da arte a partir da crise de seu conceito tradicional de busca do belo artístico. Entretanto, a maneira de fazer a retomada e as consequências do transplante são muito diferentes.

Em Kant, Lyotard destaca a definição do sublime como "apresentação negativa do infinito ou do absoluto", chamando a atenção para uma passagem da Analítica na qual o filósofo exemplifica sua definição a partir da interdição, em certas tradições religiosas, à representação de imagens. O trecho bastante comentado da terceira crítica afirma que talvez não haja na lei judaica "nenhuma passagem mais sublime do que o mandamento: 'Tu não deves fazer-te nenhuma efígie nem qualquer prefiguração, quer do que está no céu ou na Terra ou sob o mar'" (KANT, 1993, p. 121). Trata-se de um exemplo da noção kantiana de que o sentimento do sublime é despertado por fenômenos que não podem ser captados pela imaginação, ou seja, justamente pelo informe e não pela forma delimitada. Como afirma o filósofo francês: "a insuficiência das imagens é um sinal negativo da imensidão do poder das ideias. Este desregramento das faculdades entre elas dá origem à extrema tensão (a agitação, diz Kant) que caracteriza o *pathos* do sublime, sendo diferente do sentimento calmo do belo" (LYOTARD, 1990, p. 103).

A conclusão, sem mediações históricas, é um salto que enxerga Kant como uma abertura para as pesquisas estéticas da arte abstrata e minimalista do século XX. Mas, se "o vanguardismo germina na estética kantiana do sublime", essa estética destaca apenas um aspecto do problema, porque não leva em conta a questão do tempo, que tinha sido pensada por Burke em sua investigação. Por isso, para Lyotard, Kant não conseguiu rejeitar a tese de seu precursor inglês.

A questão do tempo estaria no centro da teoria de Burke sobre o sublime, como seu principal desafio. Lyotard (1990, p. 104) formula assim esse desafio: "mostrar que o sublime é provocado pela ameaça de nada ocorrer". Com essa formulação, ele evidencia que é da teoria burkiana, e não da kantiana, que sua reflexão sobre a vanguarda extrai o conceito de sublime. O comentário da tese de Burke enfatiza que o "prazer negativo" constitui uma paixão mais forte e mais espiritual do que aquela envolvida no sentimento do prazer positivo do belo. Essa paixão, ligada ao sofrimento e à proximidade da morte, chama-se terror. "Ora", afirma Lyotard (1990, p. 104) sobre Burke, "os terrores estão ligados a privações: privação da luz, terror das trevas; privação do outro, terror da solidão; privação da linguagem, terror do silêncio; privação dos objetos, terror do vazio; privação da vida, terror da morte". Na explicação do prazer advindo do terror, o "alívio" que constitui o sentimento do sublime poderia ser pensado como privação de segundo grau – por exemplo, a alma é privada da ameaça de ser privada da luz. Essa constatação articula a principal tese de Lyotard sobre o sublime, assim reformulada: "O que é assustador é que o *Ocorrerá* não ocorra, cesse de ocorrer".

A maneira de analisar o sentimento do sublime em Burke estaria ligada a três elementos: (1) um objeto muito grande, muito poderoso, que ameaça privar a alma de toda e qualquer Ocorrência e que a espanta; (2) a alma estúpida, imobilizada, como se estivesse morta; (3) ao afastar essa ameaça, surge um prazer de alívio, de delícia. "Graças a ele a alma é devolvida a sua agitação [movimento] entre a vida e a morte, e esta agitação é a sua saúde..." (Lyotard, 1990, p. 104). Com base nesses elementos, mais uma vez sem mediação, num salto, Lyotard chega a importantes conclusões sobre a relação entre o sublime e a arte, definindo uma espécie de programa das vanguardas artísticas: "Impelidas pela estética do sublime, em busca de efeitos intensos, as artes, qualquer que seja o seu material, podem, e devem, desprezar a imitação dos modelos apenas belos e experimentar combinações surpreendentes, insólitas, chocantes" (p. 105).

Após definir a estética do sublime pelo "chocante" – que sem dúvida lembra a noção adorniana de "abalo" –, Lyotard reformula mais uma vez a definição principal de seu ensaio: "O choque supremo é que Ocorra [*il arrive*] algo em vez do nada, a privação suspensa". Articula-se assim a teoria burkiana e a arte de vanguarda, já que a noção de "privação suspensa", derivada da leitura de Burke, constitui a principal referência para a concepção do sublime ligada à vanguarda.

O ponto de partida da concepção de sublime defendida especificamente por Lyotard é a sua relação com o tempo. Em outras palavras, trata-se da manifestação imediata, da ocorrência no presente. "Como entender que o sublime, digamos provisoriamente o objeto do sublime, exista aqui e agora?", pergunta Lyotard. O problema para se responder essa pergunta está ligado à noção kantiana de "apresentação negativa": "Não será necessário, quando se fala desse sentimento, fazer alusão a algo que não pode ser mostrado, ou, como dizia Kant, apresentado?" (p. 95).

Para Lyotard, esse "agora" em que é possível experimentar uma apresentação negativa não deve ser pensado apenas como o instante presente, no esforço de dar a ele alguma consistência entre o futuro do "ainda não" e o passado do "já foi", como um momento que é devorado por essas duas dimensões do antes e do depois. O "agora" não deve ser avaliado a partir da consciência da passagem do tempo – o que retira sua consistência –, mas como algo que escapa à consciência, justamente algo que ela não consegue pensar. Lyotard chama esse elemento desconhecido e desarticulador da consciência de "inapresentável" (p. 96).

Em sua dinâmica temporal, o inapresentável diz respeito a uma antecedência do agora em relação a todo acontecimento:

"O que não conseguimos pensar é algo que ocorre", o fato de que simplesmente ocorre algo, antes que o acontecimento se torne um fato, portanto, antes que ele seja devorado pelo passado e entendido pela consciência como um conteúdo determinado. A questão central, na concepção lyotardiana do sublime, é justamente este *"il arrive"*, o "ocorre", que remete explicitamente à noção de *Ereignis* em Heidegger.

Reformulando o problema, Lyotard afirma: "Que ocorra antecede sempre, de algum modo, a questão que incide sobre *o que* ocorre", ou seja, sobre o conteúdo dos acontecimentos, sobre os fatos que passarão a ser os acontecimentos à medida que ocorrem. A imagem usada para definir essa experiência temporal é a de uma pergunta que caracteriza a tomada de consciência do tempo: a pergunta "O que aconteceu?". Segundo o filósofo francês, "o acontecimento ocorre como ponto de interrogação antes de ocorrer como interrogação". Haveria, então, uma pergunta anterior à tomada de consciência dos acontecimentos, que é simplesmente a constatação: ocorrerá, existirá, será possível?

O ponto de interrogação é uma imagem do indeterminado do tempo, antes de cada acontecimento. Indeterminação que desperta um sentimento de angústia e de ansiedade, relacionado à eventualidade de nada acontecer, como um escritor sentiria diante da página em branco. O indeterminado seria o ponto de interrogação do agora, com o sentimento de que pode não ocorrer nada. O nada, agora. Será que o tempo pode não passar mais? Mas o suspense em relação ao "ocorrerá", ao *il arrive*, pode conter também um prazer: "o prazer de acolher o desconhecido" (p. 97), ou a alegria (à Espinosa) provocada pelo sentimento de existir, pela positividade do acontecimento, pelo agora.

Trata-se de um sentimento contraditório, um misto de angústia e alegria, de prazer e desprazer. Segundo Lyotard, o nome do sentimento contraditório que envolve prazer e dor consagrado pela Estética do século XVIII é "sublime". Essa constatação o leva a uma importante tese histórica a respeito de uma estética do sublime: "Foi esta palavra que decidiu e perdeu a sorte da poética clássica, foi com este nome que a estética fez valer os seus direitos críticos sobre a arte e que o romantismo, ou seja, o modernismo, triunfou" (p. 98).

Assim, o sublime estaria na base de um procedimento artístico de ruptura com as formas conhecidas, com os gêneros de representação artística da tradição ocidental. Toda a reflexão feita por Lyotard a esse respeito tem como base referências artísticas específicas, que articulam sua tese sobre as vanguardas e sua relação com uma estética do sublime.

O texto "O sublime e a vanguarda" começa justamente com uma dessas referências: Barnett Baruch Newman, que em 1950 pintou a tela *Vir Heroicos Sublimis* e, dez anos depois, o quadro chamado *Now*. Portanto, a relação pensada por Lyotard (1990, p. 95) entre o *sublime* e o *agora* vem da obra de Newman, de sua proposta artística que tinha sido elaborada também no ensaio "The sublime is now", de 1948. Esse ensaio apresenta com clareza a noção de uma estética do sublime na arte americana de meados do século XX, "livre do peso da cultura europeia" de privilégio do belo (NEWMAN, 1972, p. 171).

Segundo a avaliação de Lyotard (1990, p. 98), "quando procura a sublimidade no aqui e agora, Newman rompe com a eloquência da arte romântica, mas não rejeita sua tarefa fundamental, isto é, que a expressão pictórica, ou outra, seja a testemunha do inexprimível". A imensa pintura *Vir Heroicos Sublimis* seguiria justamente essa proposta de expor o indeterminado na pintura, arte na qual a *ocorrência* é a cor, o quadro. As dimensões da pintura, que desconcertavam os espectadores, fazem parte dessa experiência de que a cor, enquanto ocorrência, não é exprimível, não é um elemento dentro de um quadro. "Para ser fiel a este deslocamento em que consiste talvez toda diferença entre o romantismo e a vanguarda 'moderna'", diz Lyotard, "seria necessário traduzir

*The sublime is now* não por 'o sublime existe agora', mas por 'agora, tal é o sublime'" (p. 106). O sublime não existe em outro lugar, nem depois, nem antes, mas agora. "Aqui, agora, acontece, eis o quadro". Em outras palavras, o que é sublime é que exista esse quadro, em vez do nada, é a ocorrência da pintura enquanto apresentação do inexprimível.

Contudo, Lyotard não adota a posição do próprio Newman, na qual essa noção de uma estética do sublime está determinada historicamente, como fenômeno artístico norte-americano que escapa do domínio da cultura europeia dominante. Para o filósofo francês, a questão do sublime tal como pensada em "The sublime is now" já se encontra presente em todas as manifestações do que se pode autenticamente chamar de vanguarda, desde o século XIX. Cézanne é mencionado como exemplo de um pintor que põe em xeque as regras que determinavam, desde o Renascimento, a representação das figuras no espaço e a disposição das cores e de seus valores nas composições. Contra o "poder escravizante do constrangimento representativo", Cézanne não seria apenas um artista que descobre seu estilo próprio, mas uma resposta para a pergunta "O que é um quadro?" (p. 106). Seu esforço era o de inscrever no suporte quadro apenas as "sensações coloridas", o essencial da visão pictórica, "as pequenas sensações" que constituem toda a existência pictórica dos objetos, sejam eles frutas ou montanhas, ou rostos, sem consideração pelo tema, pela linha, pela figura. Nessa tarefa infinita de Cézanne, Lyotard identifica o risco enorme assumido para alcançar o objetivo verdadeiro da pintura: "fazer mostrar o que faz mostrar e não o que é visível" (p. 107).

A dúvida de Cézanne, para usar a expressão de Merleau-Ponty, seria constitutiva das vanguardas artísticas em sua tarefa de testemunhar o indeterminado (a ocorrência), portanto, em sua estética do sublime. Essa dúvida está presente nos rumos da arte abstrata e conceitual, em sua ruptura com os parâmetros formais que determinam o que é uma obra de arte.

Será pelo menos necessário haver um suporte (para que a tela seja esticada)? Não. Cores? O quadrado preto sobre fundo branco de Malévitch já tinha respondido a essa pergunta em 1915. Será necessário haver um objeto? A *body art* e o *happening* querem provar o contrário. Um lugar, pelo menos, para expor, como podia ser sugerido pela "fonte" de Duchamp? A obra de Daniel Buren é testemunha de que se pode duvidar dessa necessidade (p. 107).

A breve consideração de Lyotard, ao final de "O sublime e a vanguarda", sobre a possibilidade de uma dissolução do sublime na lógica do mercado, com suas exigências de inovação, remete direta ou indiretamente para as reflexões de Adorno sobre o mesmo tema. Mas a conclusão sem dúvida é diferente, já que Lyotard faz uma avaliação francamente positiva da vanguarda e de sua vitalidade na arte contemporânea. Ele afirma: "O enigma do Ocorrerá não desaparece, tampouco fica ultrapassada a tarefa de pintar algo que não é determinável: o próprio *Existe*" (p. 110). Contra a lógica do mercado, que ameaça dissolver e incorporar toda e qualquer possibilidade de ruptura: "A ocorrência, o *Ereignis*, nada tem a ver com o pequeno arrepio, com o *pathos* rentável que acompanha uma inovação". E essas constatações conduzem ao diagnóstico enigmático que encerra o texto: "A tarefa vanguardista continua a ser a de desfazer a presunção do espírito em relação ao tempo. O sentimento do sublime é o nome dessa privação" (p. 111).

## Conclusão

Nitidamente, na teoria de Lyotard, a estética do sublime mantém-se como desafio para os rumos da arte contemporânea e escapa, em sua definição autêntica, da possível dissolução imposta pelas demandas mercadológicas daquilo que Adorno chama de indústria cultural. Trata-se de duas avaliações sobre as condições da criação artística na cultura atual. Por isso, tanto a reflexão sobre o pós-moderno quanto o problema da possibilidade da arte na indústria cultural são expressões de uma preocupação central na Estética contemporânea, com base na crise do belo artístico evidenciada já nas primeiras décadas do século XIX, por Hegel. Em outras palavras, subjacente a esse debate sobre uma estética do sublime encontra-se a questão do *fim da arte*, em seus vários desdobramentos a partir do diagnóstico hegeliano de que a arte é "algo do passado" (HEGEL, 2001, p. 35). Jean-Luc Nancy (1987, p. 45) destaca essa relação genealógica em seu ensaio "L'Offrande Sublime": "Não há nenhum pensamento contemporâneo da arte e de seu fim que não seja, de uma maneira ou de outra, tributário do pensamento sobre o sublime...".

No contexto mais amplo de um desdobramento da noção de sublime a partir de sua transposição da natureza para a arte, a discussão proposta por Lyotard rompe com a articulação entre sublime e trágico que constitui a base da concepção schilleriana. No entanto, como retomada e apropriação das teorias modernas, de Kant e Burke, para pensar o sublime como uma chave para a compreensão da arte "atual" (moderna, para Schiller; vanguardista ou pós-moderna, para Lyotard), o procedimento é basicamente o mesmo. E a temporalidade inerente à apresentação artística do trágico talvez ainda permitisse, por outra via, mais burkiana do que kantiana, o resgate daquela aproximação. Afinal, o trágico é, para Schiller, não só uma apresentação negativa, como também uma dupla privação, o terror da morte (privação da vida) convertido em afirmação da dignidade humana (privação do medo da morte).

Nesse sentido, se o sublime "pós-moderno", articulado à dimensão temporal do *il arrive*, apresenta-se como ruptura em relação ao ideal clássico do belo, ele simplesmente resgata a ruptura moderna, ou romântica, com relação ao classicismo. A tragédia moderna já era uma tentativa de "*apresentar o que há de inapresentável*", de mostrar o que não pode ser mostrado.

Podem-se discutir os proveitos de uma comparação direta da concepção "pós-moderna" do sublime, de Lyotard, com a concepção moderna, de Schiller, como propõe, por exemplo, Paul Barone, em *Schiller e a tradição do sublime* (2004, p. 12). Nas duas concepções, o sublime é descrito como um sentimento paradoxal, que mistura sensações contraditórias de dor e prazer, e desse sentimento surge a possibilidade de apresentação de algo "inapresentável", de algo que não pode ser experimentado diretamente pelo entendimento (p. 14). Contudo, o estatuto desse inexpresso é diferente nas duas teorias. Se para Schiller ele revela a liberdade e a vitória da razão, para Lyotard está ligado a uma supressão de toda atividade subjetiva do pensamento, a uma tarefa da arte de vanguarda que consiste em desfazer a presunção do espírito com relação ao tempo.

É preciso lembrar, então, que, para Lyotard, o pós-moderno é o *"moderno dito de outro modo"* (MURICY, 2007, p. 45). Mais do que isso, não se trata de uma sucessão temporal em que o "pós" designe uma posterioridade, pois o filósofo francês afirma: "uma obra não pode se tornar moderna se ela não for inicialmente pós-moderna. O pós-modernismo assim entendido não é o modernismo no seu fim, mas no seu estado nascente, e este estado é constante" (LYOTARD *apud* MURICY, 2007, p. 45).

Na comparação das duas propostas de transposição do sublime kantiano para a arte – a primeira relacionada à tragédia, no final do século XVIII; a segunda, relacionada à arte de vanguarda do século XX –, evidencia-se que elas pertencem a momentos distintos da própria história da arte e da cultura. Em suas propostas fundamentais, esses horizontes diferentes de pensamento assumem suas inserções históricas, em reflexões que articulam a arte e a cultura. Lyotard, em sua concepção do pós-moderno, pretende pensar uma ruptura com o horizonte moderno e com o projeto de autonomia da subjetividade e da razão que tem suas bases na época de Schiller. Este, por sua vez, pode ser considerado como continuador crítico da *Aufklärung* alemã, já que a educação estética do homem visa justamente solucionar os grandes problemas da cultura moderna diagnosticados no final do século XVIII, após a Revolução Francesa.

Lyotard "diz de outro modo", nas últimas décadas do século XX, aquilo que Schiller tinha pensado no final do século XVIII. O sentido dessa afirmação pode ser ressaltado pela inserção da teoria schilleriana do sublime no contexto de suas reflexões sobre a estética e a cultura modernas, ou seja, como elemento determinante de um pensamento que foi identificado por Habermas (2002, p. 65) como a primeira "crítica estética da modernidade". Assim, a comparação do conceito pós-moderno de sublime artístico com o conceito moderno tem como pano de fundo a própria discussão sobre as possibilidades históricas da tradição moderna. A teoria schilleriana constitui um contraponto, ainda hoje, para se pensar o quanto a ideia de uma ruptura em relação ao moderno se sustenta na Estética contemporânea.

# Referências

ADDISON, J. The Pleasures of Imagination. *The Spectator*, London: Dent, n. 411-421, 1898.

ADORNO, T. *Ästhetische Theorie*. Frankfurt am Main: Suhrkamp, 1996.

ADORNO, T. *Teoria Estética*. Tradução de Artur Morão. Lisboa: Edições 70, 1970.

ADORNO, T.; HORKHEIMER, M. *Dialética do esclarecimento*. Tradução de Guido de Almeida. Rio de Janeiro: Jorge Zahar, 1988.

BARONE, P. *Schiller und die Tradition des Erhabenen*. Berlin: Erich Schmidt, 2004.

BEISER, F. *Schiller as Philosopher. A Re-Examination*. Oxford: Claredon Press, 2008.

BOILEAU, N. *Œuvres complètes*. Paris: Gallimard- La Pléiade, 1966.

BURKE, E. *A Philosophical Enquiry into the Origin of our Ideas of the Sublime and the Beautiful*. London: Penguin, 1998.

BURKE, E. *Uma investigação sobre a origem de nossas ideias do sublime e do belo*. Tradução de Enid Abreu Dobránszky. Campinas, SP: Papirus; Editora da Unicamp, 1993.

DARSOW, G.-L. *Friedrich Schiller*. Stuttgart: J. B. Metzler, 1999.

DUARTE, R. O sublime estético e a tragédia do mundo administrado. In: DUARTE, R. *O cômico e o trágico*. Rio de Janeiro: 7letras, 2008.

GRIMM, J; GRIMM, W. *Deutsches Wörterbuch von Jacob und Wilhelm Grimm*. 16 Bde. in 32 Teilbänden. Leipzig, 1854-1961.

HABERMAS, J. *O discurso filosófico da modernidade*. Tradução de Luiz Sergio Repa e Rodnei Nascimento. São Paulo: Martins Fontes, 2002.

HARTMANN, P. *Du Sublime: de Boileau à Schiller*. Strasbourg: Presses Universitaires de Strasbourg, 1997.

HEGEL, G. W. *Cursos de Estética*. Tradução de Marco Aurélio Werle. São Paulo: Edusp, 2001.

HOFFMEISTER, K. *Schillers Leben für den Weiteren Kreis seiner Leser*. Stuttgart: Ud. Becher, 1869. v. 2.

KANT, I. *Crítica da faculdade do juízo*. Tradução de Valério Rohden e António Marques. Rio de Janeiro: Forense, 1993.

KANT, I. *Crítica da razão pura*. 2. ed. Tradução de Manuela Pinto dos Santos. Lisboa: Fundação Calouste Gulbenkian, 1989.

KANT, I. *Kritik der Urteilskraft*. In: WEISCHEDEL, W. (Org.). *Werksausgabe*. Bd. X. Frankfurt am Main: Suhrkamp, 1976.

KANT, I. *Kritik der reinen Vernunft*. Frankfurt am Main: Suhrkamp, 1995.

LESSING, G. E. *Nathan der Weise. Dramen II*, Köln: Könemann, 1998b.

LONGINO. Do sublime. In: *A poética clássica*. Tradução de Jaime Bruna. São Paulo: Cultrix: 2005.

LYOTARD. *Leçons sur l'Analytique du sublime*. Paris: Éditions Galilée, 1991.

LYOTARD. *Le Postmoderne explique aux enfants*. Paris: Éditions Galilée, 1986.

LYOTARD. *O inumano. Considerações sobre o tempo*. Lisboa: Editorial Estampa, 1990.

MACHADO, R. *O nascimento do trágico*. Rio de Janeiro: Zahar, 2006.

MURICY, K. O sublime e a alegoria. *O que nos faz pensar*, Cadernos do Departamento de Filosofia da PUC-Rio, Rio de Janeiro, n. 21, p. 39-52, maio 2007.

NANCY, J.-L. *et al. Du sublime*. Paris: Belin, 1987.

NEWMAN, B. *Selected Writings and Interviews*. Berkeley: University of California Press, 1972.

RIEDEL, W. Die Freiheit und der Tod: Grenzphänomene idealistischer Theoriebildung beim späten Schiller. In: BOLLENBECK, G.;

EHRLICH, L. (Orgs.). *Friedrich Schiller: Der unterschätzte Theoretiker.* Weimar: Böhlau, 2007.

ROUSSEAU, J.-J. *Discours sur les sciences et les arts.* Paris: Flammarion, 1971.

SCHILLER, F. Acerca do patético. In: *Teoria da tragédia.* Tradução de Flavio Meurer. São Paulo: E.P.U., 1995a.

SCHILLER, F. *Cultura estética e liberdade.* Tradução e organização de Ricardo Barbosa. São Paulo: Hedra, 2009.

SCHILLER, F. *Educação estética do homem.* Tradução de Roberto Schwarz e Márcio Suzuki. São Paulo: Iluminuras, 1990.

SCHILLER, F. *Poesia ingênua e sentimental.* Tradução de Marcio Suzuki. São Paulo: Iluminuras, 1995b.

SCHILLER, F. *Schillers Werke.* Nationalausgabe. Weimar: Hermann Böhlaus Nachfolger, 1969.

SCHILLER, F. *Teoria da tragédia.* Tradução de Flavio Meurer. São Paulo: E.P.U., 1995c.

SCHILLER, F. *Textos sobre o belo, o sublime e o trágico.* Tradução de Teresa Rodrigues Cadete. Lisboa: Imprensa Nacional-Casa da Moeda, 1997.

SCHILLER, F. *Theoretische Schriften.* Frankfurt: Deutscher Klassiker Verlag, 1992.

SCHILLER, F.; GOETHE, J. W. *Briefwechsel zwischen Goethe und Schiller in den Jahren 1794 bis 1805,* v. 1. Stuttgart: Cotta, 1870.

SCHILLER, F.; KÖRNER, C. G. *Schillers Briefwechsel mit Körner.* Leipzig: Veit, 1874. v. 1.

SÜSSEKIND, P. Schiller e os gregos. *Kriterion,* Belo Horizonte, v. 46, n. 112, dez. 2005.

SZONDI, P. *Ensaio sobre o trágico.* Tradução de Pedro Süssekind. Rio de Janeiro: Zahar, 2004.

THOMAS, C. *The Life and Works of Friedrich Schiller.* New York: Holt, 1902.

VIEIRA, V. M. *O conceito de sublime e a teoria estética kantiana.* Dissertação (Mestrado em Filosofia) – Universidade Federal do Rio de Janeiro, Programa de Pós-Graduação em Filosofia. Rio de Janeiro: UFRJ, 2003.

# Coleção Filô

*Gilson Iannini*

A filosofia nasce de um gesto. Um gesto, em primeiro lugar, de afastamento em relação a uma certa figura do saber, a que os gregos denominavam *sophía*. Ela nasce, a cada vez, da recusa de um saber caracterizado por uma espécie de acesso privilegiado a uma verdade revelada, imediata, íntima, mas de todo modo destinada a alguns poucos. Contra esse tipo de apropriação e de privatização do saber e da verdade, opõe-se a *philía*: amizade, mas também, por extensão, amor, paixão, desejo. Em uma palavra: Filô.

Pois o filósofo é, antes de tudo, um *amante* do saber, e não propriamente um sábio. À sua espreita, o risco sempre iminente é justamente o de se esquecer daquele gesto. Quantas vezes essa *philía* se diluiu no tecnicismo de uma disciplina meramente acadêmica e, até certo ponto, inofensiva? Por isso, aquele gesto precisa ser refeito a cada vez que o pensamento se lança numa nova aventura, a cada novo lance de dados. Na verdade, cada filosofia precisa constantemente renovar, à sua maneira, o gesto de distanciamento de si chamado *philía*.

A coleção Filô aposta nessa filosofia inquieta, que interroga o presente e suas certezas; que sabe que suas fronteiras são muitas vezes permeáveis, quando não incertas. Pois a história da filosofia pode ser vista como a história da delimitação recíproca do domínio da racionalidade filosófica em relação a outros campos, como a poesia e a literatura, a prática política e os modos de subjetivação, a lógica e a ciência, as artes e as humanidades.

A coleção Filô pretende recuperar esse desejo de filosofar no que ele tem de mais radical, através da publicação não apenas de clássicos da filosofia antiga, moderna e contemporânea, mas também de sua marginália; de textos do cânone filosófico ocidental, mas também daqueles textos fronteiriços, que interrogam e problematizam a ideia de uma história linear e unitária da razão. A coleção aposta também na publicação de autores e textos que se arriscam a pensar os desafios da atualidade. Isso porque é preciso manter a verve que anima o esforço de pensar filosoficamente o presente e seus desafios. Afinal, a filosofia sempre pensa o presente. Mesmo quando se trata de pensar um presente que, apenas para nós, já é passado.

Este livro foi composto com tipografia Bembo e impresso
em papel Off-White 90g/m² na Formato Artes Gráficas.